TENIR BON

AURÉLIEN PRADIÉ

TENIR BON

BOUQUINS
document

92, avenue de France 75013 Paris
ISBN : 978-2-38292-445-7
Dépôt légal : novembre 2023

À mon père, ma mère et mon frère.

À ceux qui ont semé des graines.
À ceux qui veillent, de tout près ou de plus loin.

Aux Lotois.
Aux bonnes fées, d'hier, d'aujourd'hui et de demain.

À mon pays, que j'aime.

Prologue

« Aurélien, c'est l'heure de ramasser ton gain. »

La scène se déroule dans un petit salon de l'Assemblée nationale. Un endroit assez inhospitalier, juste à côté de la bibliothèque, qui correspond à peu près à l'idée que l'on se fait des antichambres, lieux de tous les conciliabules. La lumière, très froide et blanche, donne aux visages une mine blafarde.

Nous sommes le vendredi 17 février 2023, en début de soirée.

Dans ce salon se trouvent deux personnes : Éric Ciotti, président des Républicains, et moi-même. Nous sommes installés côte à côte sur un canapé gris, dans une position relativement inconfortable qui nous oblige à regarder droit devant nous ou à faire d'impossibles contorsions pour soutenir le regard de l'autre. Nous restons d'abord silencieux, tous deux épuisés de fatigue. Alors même que nous sommes proches, il semble qu'un mur nous sépare. C'est moi qui ai souhaité cette conversation en tête à tête après plusieurs semaines de débats à l'Assemblée sur la réforme des retraites.

Plusieurs semaines durant lesquelles ma famille politique a vu d'un mauvais œil ma position intransigeante sur cette réforme. Une position pourtant simple et claire, je ne l'avais cachée à personne : le recul de l'âge légal était inefficace et même injuste. Ce qui comptait à mes yeux c'était la durée de cotisation. Ce qui importait : la prise en considération des parcours de chacun et singulièrement de ceux qui ont commencé à travailler le plus tôt, sur qui le travail pèse le plus. Précisément ceux sur qui le gouvernement voulait faire peser tout le poids d'une réforme, conçue à la va-vite, dans le but de faire oublier les échecs du précédent quinquennat et, en particulier, l'abandon d'une réforme des retraites plus ambitieuse de 2019. Emmanuel Macron cherche à donner des coups pour démontrer qu'il a la force d'un réformateur. Peu importe la réforme pourvu qu'il y ait l'illusion. Il lui fallait gagner ses galons de réformateur coûte que coûte.

Des semaines, donc, qu'on me prête tous les travers possibles et imaginables. « Opportuniste », « frondeur », « carriériste », « narcissique »... Je suis passé ainsi en quelques jours du stade d'agitateur incontrôlable à celui d'élu rural nécessairement ignorant des grands enjeux de la nation, jusqu'à celui d'ambitieux préparant une candidature à la présidentielle. Des semaines que, par journaux, radios et plateaux de télévision interposés, un fossé se creuse chez Les Républicains entre ceux qui sont prêts à tous les compromis afin qu'un accord soit passé avec le gouvernement, et ceux qui, comme moi, excluent de céder à la facilité d'un commerce qui oublie la France du travail.

« Maintenant, on est à un moment de vérité », finit par lâcher Éric Ciotti.

Chaque mot résonne dans cette pièce au silence pesant. Le président des Républicains a l'air nerveux. Je dois l'être aussi. Je le regarde du coin de l'œil tandis qu'il remue sa montre qui tout à coup me semble si lourde.

Les mots d'Éric sont assez justes.

Mais ce moment de vérité ne concerne en réalité que moi. Cela fait déjà plusieurs jours que l'on m'a averti que cet instant allait arriver, que je le vois venir et que j'accepte lucidement de l'assumer. Le voici.

Je ne sais pas exactement quoi lui répondre. J'essaie de préciser ma position, comme si nous étions encore, lui et moi, engagés dans une même bataille. Je lui parle de dignité par le travail. De dignité dans le travail et dans la reconnaissance de celui-ci. De la nécessité pour la droite de défendre une vision du travail équitable et juste. De l'impérieuse nécessité de ne pas abandonner entre les mains de Marine Le Pen la France des travailleurs.

« Tu sais bien, Éric, que cette réforme est bancale et que nous n'obtiendrons pas gain de cause pour les carrières longues, le seul effort pèsera sur ceux qui ont débuté le plus tôt. Défendre cette réforme, c'est mentir aux Français… C'est abîmer la valeur de l'effort et du mérite. La facilité de la réforme ne fait pas son sérieux. »

J'ai beau parler, avancer mes arguments, les répéter, avec le plus de soin possible, avec le plus d'intensité aussi, comme si c'était ma dernière chance de le convaincre : rien n'y fait. Dialogue de sourds. Chaque phrase que je prononce glisse sur son visage fermé. Il ne s'agit plus de dialoguer, mais de me faire plier.

J'insiste : « On peut y arriver, Éric. Notre groupe politique a les clés. »

Mais Éric n'a qu'une obsession en tête : « notre » intérêt politique. Ce qu'il veut avant tout, alors que les Français par centaines de milliers se mobilisent dans les rues, c'est préserver un accord avec le gouvernement. Empêcher que l'exigence de certains ne la fasse capoter. Il se méfie de moi.

« Ce deal n'a pas de sens, il va tuer la droite », lui dis-je.

Mais Éric n'en démord pas. Il a choisi une voie dont il est trop tard pour sortir. Pour lui, garder la main compte plus que le reste. Il continue de répéter les mêmes mots, les mêmes formules. Il est toujours question de « stratégie », de « positionnement », de « gains ». Je poursuis mon propos dans l'espoir de toucher son cœur de militant. Toujours la même réponse. On croirait que nous ne parlons plus la même langue. J'ai le sentiment troublant que nous avançons dans deux dimensions parallèles. Nous serions comme dans un jeu de cartes. Il faudrait ramasser le gain avant de le perdre. Cette réforme des retraites ne convainc personne. Pas même le président des Républicains. Mais les échanges et sûrement les engagements contre nature pris avec Emmanuel Macron et Élisabeth Borne sont un chemin sans retour. Le piège se referme et Éric aimerait qu'il se referme sur moi aussi. Il voulait que je l'accompagne dans un choix dont il sait bien, au fond, qu'il était mauvais.

Une nouvelle fois, j'insiste pour me faire entendre.

Je lui parle de mon frère boulanger. De tous ceux qui sont venus me voir, dans ma circonscription, à Cahors, ou ailleurs, pour me dire : « Merci de vous battre pour nous. »

« Que va-t-on leur dire, à eux, si on abandonne maintenant ? »

Elles sont là, mes raisons profondes. Très éloignées d'une quelconque volonté de me démarquer, comme on me le reproche, d'une recherche de visibilité ou de notoriété. Ces raisons touchent à ce qu'il y a en moi de plus sensible, de plus intime. Elles ne dépendent pas d'un calcul rationnel. Renoncer, abdiquer, ce serait trahir. Trahir les autres et me trahir moi-même.

Bien sûr, pour Éric, ces raisons sont au mieux accessoires, au pire, inaudibles.

Voilà un exemple assez flagrant de la distorsion qui s'est installée entre deux mondes durant la bataille des retraites. Le premier voudrait que les hommes politiques ne soient que des gestionnaires de la fatalité – je reviendrai plus tard sur cette notion. Le second souhaiterait qu'ils soient un peu plus que cela.

Si les raisons qui nous guident sont uniquement tactiques, alors il est facile de les abandonner dès que le vent tourne. Il n'y a même aucune raison d'y rester cramponné. Si, au contraire, nos convictions reposent sur quelque chose de plus authentique, de plus puissant, nous n'avons pas d'autre choix que de les défendre avec intransigeance. C'est la condition de la sincérité dans le combat politique.

« Ne sois pas idéaliste et ramasse ton gain, me glisse Éric. Ou tu lâches et il ne t'arrivera rien… Ou tu ne lâches pas et dans ce cas… »

Depuis le début de notre entretien, c'est la première fois qu'il me regarde droit dans les yeux. Il a laissé sa phrase en suspens. Comme si nous étions confrontés à une espèce de choix politique fatal.

La rupture est inévitable. Je le sais depuis plusieurs jours déjà. Cette discussion n'aura pas d'issue. D'évidence, ce conciliabule improvisé n'a pas vraiment pour sujet la réforme des retraites. C'est de moi qu'il s'agit. De me faire plier une bonne fois pour toutes.

Dans ce salon bien tranquille, je m'interroge pendant un court moment. Suis-je prêt à tout remettre en jeu ? Autrement dit, à perdre une fonction qui me permettait sûrement de faire entendre mes convictions ? Un instant, existe la possibilité de rentrer docilement dans les rangs. Jouer la brebis égarée qui finalement rejoint son troupeau. La réponse que je donnerai décidera de la suite. Après cela, les choses ne seront plus tout à fait les mêmes. On pressent parfois ce qui s'annonce comme irréversible. On voudrait longtemps préserver le confort d'avoir un meilleur choix.

Je n'ai pas besoin de réfléchir plus longtemps pour savoir ce que j'ai à faire.

« Je ne lâcherai pas, Éric. Quoi qu'il arrive, je ne lâcherai rien, et j'en assumerai les conséquences. »

Éric se lève, resserre le nœud de sa cravate et quitte la pièce. Je reste seul.

Une porte claque et des bruits de pas résonnent à l'extérieur. Puis des voix, un amalgame de voix plus ou moins fortes. C'est l'hémicycle qui gronde. La bataille n'a pas cessé. La soirée sera longue. Je me lève à mon tour et rejoins mon siège d'élu du peuple.

Chapitre 1

Fin d'enfance

D'où me vient cette attitude inflexible, qu'on me reproche parfois, et qui correspond à ma façon de concevoir la vie, l'engagement politique, les devoirs que je me fixe ?

La réponse m'apparaît évidente : de mon enfance.

J'en parlerai ici en commençant par sa fin. Je n'ai pas grandi en passant par toutes les étapes de la maturité. J'aurais préféré, mais le destin ne m'en a pas laissé le temps.

Mon entrée dans la vie adulte s'est faite brutalement, par un déchirement soudain qui m'a arraché à l'enfance en même temps qu'il me précipitait vers un autre âge. Je deviens alors un gamin déjà grand dont les responsabilités le dépassent. Si j'avais eu le choix, je serais volontiers resté encore un peu enfant, adolescent. Si je l'avais pu, j'aurais retenu la main du sort.

Nous sommes en 2002, presque la veille de Noël. Mon père va bien. Du moins nous le pensons tous, y compris lui probablement. Chacun va se coucher et la maison s'endort.

Durant la nuit, il y a du bruit dans le couloir. Mon père a tenté de se lever. Il ne peut plus. Ma mère est là et personne ne comprend ce qui se passe. Le corps se paralyse. Il y a quelque chose d'irréel et d'incompréhensible dans cette situation.

Le médecin d'urgence arrive à la maison quelque temps après. Une éternité, il me semble. Ma mère est en haut de l'escalier, près de mon père couché à même le sol. Elle panique plus encore que nous. Ses mains s'agitent et elle ne parvient pas à brancher son matériel. Je ne sais toujours pas dire si ce qui se déroule sous mes yeux est grave. Pour moi, la maladie est une chose abstraite. Je n'imagine pas qu'elle ait pu entrer chez nous. Mon père part dans l'ambulance des pompiers. Il est inconscient. Ma mère le suit et nous demande, à mon frère et moi, d'aller nous recoucher. Je crois m'être rendormi presqu'aussitôt. Rien ne pouvait être grave puisque mon père était invincible.

Durant de longues journées, il ne s'est pas réveillé. Durant plusieurs jours, ma mère restait à ses côtés en salle de réanimation. Nous, les enfants, nous ne pouvions pas encore le voir. Le pire était peut-être passager. À quoi bon nous l'imposer ? Nous étions un peu protégés. À la maison, tout le voisinage vient frapper à la porte, demander des nouvelles. Je vois bien que la situation est grave, mais c'est dans leur regard que je le comprends. Les journées au lycée sont un peu étranges pour moi. J'y vais sans y être vraiment. Puis un jour où je termine les cours plus tôt, une amie de la famille nous reconduit de Cahors à Labastide. Elle parle beaucoup durant le trajet. Elle me fatigue un peu pour tout dire. Au moment de descendre de la voiture, alors que je suis soulagé d'en finir, elle se penche vers moi : « Ton papa ne reviendra pas m'annonce-t-elle. Il sera un autre. »

Je fais mine de ne pas comprendre, mais c'est cette phrase qui m'ouvre les yeux. Nous n'imaginons pas ce que des mots peuvent changer dans la vie d'un enfant ou d'un adolescent.

Elle a raison.

Des mois durant, je vais voir mon père à l'hôpital. Il est réveillé.

Il sourit. Il est là. Mais le corps n'a plus tous ses mouvements. Marcher nécessitera des années de rééducation. Et puis il y a les mots qui se sont envolés.

Chaque jour nous guettons les progrès. Il ne reparlera pas. Nos prénoms, ceux de ma mère, de mon frère et moi, reviendront. Ils seront ses premières conquêtes.

Désormais, il y aurait une présence et une absence autour de lui et de nous.

Mon frère et moi, nous avons plus connu notre père sans sa parole qu'avec les mots. Peu à peu nous avons appris, nous aussi, dans sa proximité, à économiser nos mots. Les silences s'installent et d'autres communications naissent. Beaucoup de mon caractère tient à ces silences. Je m'y suis habitué et j'ai appris à les aimer et les comprendre. Rien n'est pire qu'une vie bruyante. L'économie des mots traduit parfois l'intensité des sentiments. Mon père a eu deux vies et nous aussi. Avant son accident, s'il avait dû envisager ce choc, il aurait affirmé avec certitude ne pas vouloir le vivre. S'il avait dû prévoir un coma et la perte de la parole, il aurait sûrement dit préférer partir. Mais il est resté et il a connu d'autres bonheurs, d'autres joies, au milieu des peines. Toutes les vies sont dignes et celles que l'on pense invivables prennent parfois un sens insoupçonnable. Face à la vie, à ses accidents et à sa fin, j'ai appris très tôt à me méfier des certitudes.

Avant la mort de notre père, mon frère a ouvert sa boulangerie dans notre village. J'ai continué à tracer ma route. Il a dû partir fier de nous. Plus le temps passe, plus nous sommes fiers de la force qu'il nous a transmise.

Car sans cette épreuve, rien n'aurait vraiment été possible.

Chapitre 2

L'enracinement

Je suis né en 1986, un 14 mars, à Cahors, préfecture du Lot. Je suis Lotois, d'amour et de choix. À cette terre rurale et à ses habitants, je dois tout.

Mes parents vivent à une trentaine de minutes en voiture de la préfecture. Se partageant entre deux villages, Labastide-Murat, terre natale d'un fils d'aubergiste devenu maréchal d'Empire, et Vaillac, le berceau familial, ils n'ont quasiment jamais quitté le département. J'ignore comment ils se sont rencontrés, mais je sais qu'ils se sont connus et aimés jeunes et qu'ils ont commencé à vivre ensemble très vite. Ils ont eu deux fils, Julien, mon frère, et moi. L'un deviendra boulanger, l'autre, député. Vaillac est le village familial. Mon arrière-grand-mère, Germaine, y tenait un restaurant, le Civet de lièvre, une adresse réputée en son temps. Le village compte moins d'une centaine d'habitants, niché dans une petite vallée, ceinturé par de larges bandes verdoyantes, des collines assez élevées, qui donnent l'impression, vues d'en bas, d'être seul au monde et protégé de tout.

Tout ici respire la France de l'ancien temps.

À l'approche de Vaillac, la route bitumée se fait étroite et tortueuse. Ici le silence est grand et la nature seule à parler. Toutes les maisons ont des volets peints en blanc, vert ou bordeaux. L'épaisse pierre blanche, venue des carrières alentour, avec le temps prend une teinte orangée. Un château féodal, niché en surplomb, domine comme un aigle le hameau. Gamin, j'admirais ce château pendant des heures. Je sortais pour rejoindre une prairie à l'arrière du village et me postais sur un talus pour observer d'en bas ce monument qui me paraissait gigantesque. Je ne connaissais pas vraiment son histoire, j'imaginais naïvement qu'il était encore habité par des chevaliers et qu'une sorte de seigneur, avec des chaussures pointues et une cape en hermine, se promenait entre les tours et qu'il nous regardait d'en haut. Puis j'ai appris son histoire et j'ai continué à l'aimer.

C'est dans ce village que j'ai grandi.

Mes parents ont une entreprise de négoce de fruits qui leur a été transmise par mes grands-parents paternels. C'est aussi à Vaillac que sont installés les ateliers, un grand entrepôt qui ressemble davantage à un corps de ferme. Je me souviens des femmes qui travaillaient là. Elles étaient six. Je les regardais arriver le matin, entrer dans l'atelier et commencer leur journée passée à trier leurs noix.

Je me souviens de Samira, sans doute celle avec qui je m'entendais le mieux. Elle garait toujours sa voiture un peu plus loin que les autres. Je ne comprenais pas pourquoi. Jusqu'au jour où j'ai découvert que Samira portait le voile et prenait soin de l'enlever avant de sortir de sa voiture. Ce comportement m'intriguait. J'ai demandé un jour à ma mère si on avait fait une remarque à Samira, ce qui aurait expliqué pourquoi elle veillait à rejoindre l'atelier la tête nue. La seule raison était qu'elle ne voulait pas se différencier. Ici, elle était comme les autres et elle aimait ce temps du travail en commun.

J'ai passé des centaines d'heures dans la salle de triage des noix. Les employées me manifestaient une forme de tendresse dès que je pointais le bout de mon nez. Je restais au milieu d'elles, le long du tapis de triage où mon père et ma mère venaient souvent en renfort. Je les regardais en train de travailler assises ou d'aller d'un bout à l'autre de la pièce pour récupérer quelque outil, effectuer toutes sortes de gestes, avec la plus grande tranquillité. Je me souviens de l'odeur de noix qui saturait l'air et restait imprégnée dans le coton de mon tee-shirt. Ce qui me fascinait le plus, c'étaient leurs conversations. Plus que le bruit des fruits que l'on jette dans un bac, que le frottement des bacs contre le bois des tables, c'étaient leurs paroles et leurs rires qui peuplaient l'atelier.

Les après-midi, je prends le goûter chez ma grand-mère, juste à côté, ou au domicile d'une voisine du village, chez qui l'emplacement de la boîte à biscuits n'a plus de secret pour moi. Et puis je vais construire ma cabane. Mon père m'a autorisé à récupérer n'importe quel outil dans l'atelier. Je demande conseil aux employés, parfois je me sers de ce qui me semble être le plus utile. Avoir une cabane, c'est encore mieux qu'avoir une maison. Cette cabane, pour moi, est le symbole de l'aventure, de l'aventurier que je veux être. Une fois qu'elle est achevée, j'ai l'impression que des événements extraordinaires vont s'y produire. Aujourd'hui elle est encore là, devant la maison que j'ai rénovée en gîte.

Quand ce n'est pas la cabane qui m'occupe, ce sont les « expéditions ». Je suis un enfant libre, qui part tôt et rentre tard. Parfois en compagnie de mon frère, mais souvent seul, je marche longuement dans la vallée, au milieu des prairies. Je vais voir les chevaux qui m'impressionnent autant que je les aime. Je passe des heures avec eux. Il y a aussi cette haute colline que j'aime explorer jusqu'à son sommet, où l'horizon se dégage.

Et puis, il y a la cascade. Elle est cachée par une rangée d'arbres, le long du Foulon, à la sortie de Vaillac. Ce n'est pas vraiment une cascade mais, pour mon frère et moi, c'en était une. Et nous l'avons immédiatement baptisée de ce nom. Tout un monde à nous, fait de roche et d'eau. Loin des hommes, loin des adultes, nous y étions seuls. J'ignore combien de temps nous avons passé en ce lieu. On se racontait des histoires, on imaginait des vies d'aventures. On écoutait le bruit du monde, l'écoulement du Foulon. Le monde, c'était Vaillac.

Ici, dans cette petite vallée et sur ces Causses arides, on apprend très jeune la simplicité et la beauté des choses les plus modestes. Les paysages ne sont pas spectaculaires. Ils sont beaux parce qu'ils transpirent une humilité à nulle autre pareille. Le Lot n'est pas une terre de coups d'éclat. Ses paysages, comme ses tempéraments, sont ceux d'une vérité qui n'a pas besoin d'impressionner. La simplicité est sa force. André Malraux, dans son discours lors de l'entrée de Jean Moulin au Panthéon a su parler de ces causses du Lot où il mit à l'abri sa fille durant la guerre : « Regarde glisser sous les chênes nains du Quercy, avec un drapeau fait de mousselines nouées, les maquis que la Gestapo ne trouvera jamais parce qu'elle ne croit qu'aux grands arbres. »

Très jeune j'ai appris à ne pas croire qu'aux grands arbres.

Mes parents, qui travaillent beaucoup, s'autorisent deux à trois semaines de vacances par an. Nous posons chaque été nos valises au Cap-Ferret. Nous y allons en famille, passant des causses du Lot au bord de mer. J'apprends à surfer sur les vagues d'un océan mouvementé. Mon père aime se baigner avec nous, mais il reste le plus souvent sur la plage, comme s'il appartenait davantage à la terre ferme. Ma mère aime cette presqu'île sauvage et libre. Ici, tout est simple et, avec mon frère, j'apprends à nager et à grandir. Ce sont des jours heureux où l'air marin accompagne nos éclats de rire. Si je suis à ce point attaché au Cap-Ferret, c'est parce que je n'ai jamais vu mes parents sourire autant qu'à cet endroit-là. Les lourdeurs du quotidien s'évaporaient.

J'ai mis plus de dix ans, après l'accident de mon père, avant de revenir au Cap-Ferret. Mes parents, plus de quinze ans. C'était le temps qu'il fallait pour accepter de retrouver les lieux du bonheur.

Aujourd'hui, Vaillac est resté pour moi un lieu vital. C'est dans la maison familiale que j'attends, chaque fois, les résultats des élections. Dans le bureau de mon père que j'ai préparé mes premières campagnes électorales. À Vaillac que je réunis, traditionnellement, tous mes amis, tous mes soutiens, tous ceux qui m'ont aidé lors des dernières campagnes, le temps d'une grande soirée conviviale à la salle des fêtes.

Vaillac est à la fois mon point d'origine et mon point de fuite.

C'est la chance d'un enracinement.

Chapitre 3

La parole

À la maison, nous parlons peu de politique. À vrai dire, je n'ai aucun souvenir de discussions de cet ordre entre mon père et ma mère. Ce n'était pas un sujet central pour mes parents. Les débats politiques provoquaient parfois quelques énervements. Pas plus.

On évoque encore moins les problèmes quotidiens. Même si la vie de l'entreprise suscite de nombreuses angoisses, on n'en parle pas devant les enfants. Mais, depuis mon poste d'observation – notre salon, ma chambre –, j'entends et je comprends. Pour mon père et ma mère, la vie de la maison, c'est aussi celle de la petite entreprise familiale.

Je vois mes parents jour et nuit se démener pour faire grandir l'entreprise au milieu de turbulences. Dans le commerce du fruit, les problèmes peuvent venir de partout : des pannes de machines dans l'atelier qui paralysent l'activité en attendant qu'on puisse les réparer, de la mauvaise météo, de la mauvaise saison, du retrait soudain d'un fournisseur… Autant d'imprévus qui menacent la trésorerie alors qu'il faut payer à la fin de chaque mois les employés, quelles que soient les rentrées d'argent, et faire vivre la famille.

Mes parents travaillent toute la journée. Je ne me souviens pas avoir vu mon père se reposer une seule fois à la maison. Je me lève, je sais que mon père travaille déjà. Je me couche, mes parents viennent de rentrer.

Mes parents évitent de se quereller sous nos yeux, pour ne pas nous inquiéter. Parce qu'ils ont grandi dans cette tradition de ne pas s'épancher, de ne pas manifester ses humeurs ou ses états d'âme. Le silence et l'économie des gestes valent davantage que la parole.

Leurs plus grosses disputes sont liées à la façon dont mon père gère l'entreprise. C'est un homme de principes. Un inflexible, un têtu, aurait dit ma mère. Tout engagement a un sens pour lui. C'est ainsi qu'il conçoit ses rapports à autrui. Et même si l'expérience l'a détrompé, et le détrompera encore plus après son accident, il a toujours fait confiance aux autres. Je pense qu'il préférait être trompé dans sa confiance que cesser d'y croire. Renoncer à croire à ses principes de vie et de relation humaine lui était impossible.

Ainsi, mon père acceptait souvent d'importants contrats qui liaient l'entreprise pour plusieurs mois à certains clients sans demander le moindre engagement écrit. On ne savait d'ailleurs pas bien comment ce «contrat» était arrivé. Mon père avait dû simplement discuter avec l'intéressé, lui serrer la main et considérer que sa parole suffisait. Ma mère enrageait : « Tu ne lui as rien demandé ? Rien ! Aucun contrat signé ? Mais tu es fou ! Tu ne peux pas faire ça ! Tu ne peux pas engager notre trésorerie sur une simple promesse ! Tu dois leur faire signer un contrat ! »

Et mon père lui répondait toujours la même chose : « Non, il m'a donné sa parole, ça suffit. »

Cette situation agaçait ma mère, chargée de la comptabilité de l'entreprise. Elle était effrayée à l'idée de ce qui arriverait si le client ne respectait pas leur accord – ce qui se produisait quelquefois. Ces déconvenues n'atteignaient pas vraiment mon père. Les principes valaient beaucoup plus.

Ce respect de la parole donnée m'est resté. Je dois à l'éducation que j'ai reçue la crainte de ne pas respecter mes promesses, de ne pas tenir mes engagements. J'ai surtout du mal à pardonner à ceux qui ont failli à leur propre parole.

Je comprends d'autant mieux les inquiétudes de ma mère face aux charges financières de l'entreprise. Il faut dire que toute notre vie en dépendait. Si nous perdions l'entreprise, tout basculait. Ce commerce était le seul bien que mes parents possédaient.

J'ai connu deux vies. Celle avant l'accident et celle d'après. Avant, les questions matérielles n'existaient pas vraiment. Après, elles étaient permanentes. Ma mère a longtemps voulu nous cacher ces difficultés. Mais de ventes forcées en factures devenues difficiles à payer, nous mesurions bien que la vie avait changé. Beaucoup changé.

Autant que je m'en souvienne, la politique a fait irruption dans mon existence à l'âge de neuf ans, d'une manière tout à fait détournée.

C'est le futur président Jacques Chirac qui l'a fait entrer dans ma vie. Ou plus exactement mon père qui a fait entrer Jacques Chirac dans la mienne.

Janvier 1995, j'ai huit ans et nous sommes en pleine campagne présidentielle.

Alors que je reviens de l'école, mon père sort tout à coup du bureau et me dit : « On va aller voir Chirac. »

Aller voir Jacques Chirac ? Tout un programme.

C'est un nom qui déjà résonne pour moi, car mon grand-père le prononce souvent. Il était corrézien d'origine. Je me souviens de balades familiales en voiture. Nous allions sur les terres de Corrèze, qui jouxtent celles du Lot, à destination de Brive-la-Gaillarde ou de Turenne. Sur le chemin, il nous arrivait d'apercevoir le château de Bity, sur la commune de Sarran. J'ai souvenir d'être passé si souvent à côté que je me dis maintenant que mon grand-père a dû effectuer toutes sortes de détours pour aller voir le « château du grand Jacques », comme il disait alors. Gamin, par la fenêtre du véhicule, je regardais de loin ce lieu devenu mythique. Le grand château du grand Jacques. Impossible dans ces conditions de ne pas prendre Chirac pour un superhéros. Chirac, pour moi, c'était Batman. Les premières émotions politiques ne sont pas rationnelles. C'est l'imagination qui a produit mon premier attachement à Chirac. Il semblait aimer tous ceux qu'il croisait. Grâce à mon grand-père, je me sentais de ceux-là.

Si bien que lorsque mon père me propose d'aller « voir Chirac », j'ai immédiatement des étoiles dans les yeux. En réalité, nous n'allons pas voir Jacques Chirac mais assister à une réunion de militants et de sympathisants organisée à Peyrebrune, dans une emblématique auberge lotoise dont le patron est un pilier du Rassemblement pour la République (RPR) de l'époque. Mon père n'est ni militant, ni sympathisant, en tout cas pas officiellement. Un client a dû lui proposer de venir, ou alors un ami. Et puis Chirac, c'est aussi son champion. Le fait est qu'il s'y rend et qu'il a décidé de m'y emmener.

La réunion se tient dans une grande salle qui, du haut de mes huit ans, me paraît immense. Tout le monde me regarde en se demandant ce qu'un gamin vient faire ici. J'écoute sagement ce qui se dit. L'atmosphère est conviviale, les conversations, animées. Et le nom de Chirac revient sans cesse. Les militants se sont tous retrouvés pour organiser la campagne présidentielle. Je ne comprends pas ce qu'est une campagne, ni ses enjeux, mais je ressens la passion de chacun à travers les sourires, les applaudissements, les apartés aux allures stratégiques. Je me sens plein, à mon tour, d'une énergie que je n'avais encore jamais éprouvée. Je ne connais personne et pourtant, il me semble les connaître tous.

C'est ma première émotion politique, et peut-être même ma première émotion de militant. Je n'aurai pas l'occasion d'en reparler avec mon père, mais je me suis toujours demandé s'il m'avait entraîné avec lui par hasard. Ni lui ni moi ne croyions vraiment au hasard.

Je suis retourné plusieurs fois dans ce restaurant par la suite, pour des réunions politiques. C'est le patron qui m'a rappelé, trente ans plus tard, cet épisode de mon enfance qui, curieusement, était un peu sorti de ma mémoire.

« Et dire que la première fois que tu es venu ici, tu étais un gamin ! »

Il n'a pas eu besoin de m'en dire plus : tout ce qui s'était passé cette fois-là m'est revenu immédiatement.

Je pense que si mon père avait été en situation de le faire, il m'aurait poussé à suivre des études et m'aurait déconseillé de tenter l'aventure politique comme je l'ai fait, en solitaire, à vingt et un ans. Mais je dois à mes parents de m'avoir donné ce goût de la liberté que j'ai mis en œuvre sans retenue.

Le 7 mai 1995, j'ai à peine neuf ans quand Jacques Chirac est élu président de la République. C'est mon grand-père, plus que la télévision, qui nous annonce la nouvelle. Nous sommes à table, il est à la fois ému et joyeux et scande : « Chirac ! Chirac ! Chirac ! » Je me souviens parfaitement de m'être dit à ce moment-là qu'un homme capable d'émouvoir à ce point mon grand-père devait être un personnage exceptionnel.

Mon grand-père était un chiraquien qui depuis sa Corrèze natale aimait et soutenait Chirac comme une évidence. Il parlait politique sans même s'en rendre compte, lui qui avait toujours une idée pour répondre à quelque problème. Il y avait une règle simple : personne ne touchait au « grand Jacques ».

Jacques Chirac appartient donc à mon imaginaire d'enfant. J'ai grandi avec lui comme d'autres grandissent avec leurs héros de films d'action ou de dessins animés.

Après son élection, j'ai commencé à entendre parler du président qu'il était devenu. Je le voyais au journal télévisé, s'adresser aux Français, les saluer, les embrasser. Comme par un consensus magique, tout le monde autour de moi disait du bien de lui, si humain, proche du peuple, au point que j'en étais arrivé à penser que tout le monde l'aimait de la même façon. Je le dis sans rire : il me semblait alors absolument impossible qu'on pût reprocher la moindre chose à Jacques Chirac, président de tous les Français. Je n'avais pas dix ans et je croyais en lui dur comme fer.

Ce sont deux photographies qui seront décisives pour moi.

Sur la première, Chirac fait face à un paysan de Corrèze. Les deux hommes sont debout, on ne saurait dire si l'un est plus grand que l'autre. Ils se font face et ils sont beaux. Le paysan porte un béret à carreaux et il montre du doigt l'horizon. Je ne sais pas ce qu'il pointe au juste, peut-être l'étendue des terres agricoles ou le troupeau qui pâture. Chirac est là, dans un gilet de laine, il regarde au loin, l'air tranquille. C'est l'image de la complicité entre un Français, humble et fier, et celui qui s'apprêtait à devenir Premier ministre, puis président. Une complicité et une sorte de familiarité respectueuses.

Sur la seconde, Jacques Chirac a le visage plaqué contre une vitrine derrière laquelle se trouve une petite statue océanienne. Son regard paraît complètement fasciné par ce qu'il contemple sans que je comprenne vraiment pourquoi. La passion de cet homme pour cet objet mystérieux me saisit. Assez pour que les arts premiers me saisissent à mon tour et me passionnent de longues années plus tard.

J'ai découvert ces deux photographies dans un livre. Le point de départ d'une collection que j'entreprends à l'adolescence.

Dès que j'ai de l'argent de poche, je vais m'acheter un album à Cahors dans la librairie du centre-ville. J'en commande d'autres, demande conseil aux vendeurs. Pour mes anniversaires, tout le monde sait ce qui me fera plaisir. Moi qui n'ai voyagé que très peu, c'est à travers les photos de campagne de Jacques Chirac, des figures, des lieux, des paysages, que je découvre la France. La campagne de 1995 est abondamment photographiée pour mon plus grand bonheur.

Le temps passe, et je grandis avec lui. L'irrationnel devient plus rationnel et l'émotion forge des convictions.

Je l'évoquerai assez peu lors de mes premiers engagements politiques. Au milieu des années 2000, les jeunes de ma génération ne s'identifient plus au «grand Jacques». Il a cessé d'être ce repère qu'il redeviendra après sa présidence. En politique, les conclusions sont tirées très longtemps après les actes. Il faut laisser à l'histoire le temps de dérouler son fil et de retenir l'essentiel, la trace plus profonde.

Je nourris en attendant une sorte de jardin secret. La politique est pour moi, adolescent, une passion paradoxale. Un peu comme un amour qu'on nourrit en secret. Je la regarde avec distance et attirance à la fois. Sans imaginer que je puisse un jour lui consacrer ma vie.

Je suis même convaincu que rien, jamais rien ne me permettra de le faire. Je n'y pense pas. La politique me paraît correspondre à une ambition beaucoup trop étrangère. Je suis un provincial, un fils de négociants, un enfant de Vaillac, un gamin de la Cascade…

Alors, à quoi bon parler de cela avec les autres? Quand je m'y risque, on se moque facilement de mes rêveries. Les garçons de mon âge ne comprennent pas ma fascination pour Chirac, ni pourquoi je collectionne toutes ces photographies étranges… Je me tais donc. C'est la force d'une passion cachée : vous n'avez pas besoin de la confronter à la réalité, ni de chercher à la faire exister. Puisqu'elle existe déjà en vous. Le rêve est moins risqué que la réalité.

La politique est mon imaginaire secret. Une passion qui, chez moi, commence tout de même à être visible. Au lycée, certains enseignants font remarquer à mes parents que j'ai un goût marqué et assez singulier pour le débat d'idées. Ils s'en plaignent presque.

« On ne sait pas d'où ça lui vient... Vous discutez beaucoup à la maison ? » demande une professeure de français.

On me décrit surtout comme un élève « rugueux ». Une remarque qui me suivra dans mon parcours politique. Rugueux, c'est-à-dire qui ne craint pas de prendre des coups. Qui va même les chercher. On me reproche déjà d'être un peu trop franc, un peu trop réfractaire aux idées reçues. En fait, sans qu'on le sache, je doute tellement de moi-même que je m'interroge sur à peu près tout et supporte mal les certitudes. Les miennes et celles que les autres tentent de m'imposer.

Je me souviens de mon professeur d'histoire, au collège. M. Arnal. Un enseignant pour lequel j'éprouve le plus grand respect. Sans partager mes goûts politiques, il aime discuter avec moi. Pour la première fois, je me retrouve face à quelqu'un aux idées politiques affirmées en opposition à celles que je commence à porter moi-même. Jusqu'à présent, dans ma famille, parmi mes amis, je n'avais trouvé personne à qui me confronter. M. Arnal m'aide à me construire intellectuellement. Il parle de socialisme, de François Mitterrand avec la même intensité que ces militants chiraquiens rencontrés dans le restaurant de Peyrebrune. Mais lui n'est pas vraiment un supporter de Jacques Chirac.

Il nous le fait comprendre en se montrant très critique à l'égard de sa politique. Ce qui me force à réagir. Si bien qu'une forme de complicité s'installe très vite entre nous.

Au détour d'une réflexion, ou de quelques piques lancées, l'air de rien, je sens que le professeur s'adresse à moi en particulier. Il a vite compris comment amener ce jeune homme assez désintéressé par l'école à s'impliquer davantage dans sa classe. C'est ainsi que je passe du dernier au premier rang.

Je dois un peu l'agacer, parfois. Il faut dire qu'une fois le débat lancé, je ne lâche rien. Souvent, il l'emporte contre moi. Il ne manque pas d'arguments et ses connaissances sont plus importantes que les miennes. Mais il arrive aussi que je l'oblige à reculer un peu.

C'est à cette époque que je commence à m'intéresser aux notions de courage, de résistance, sans doute parce qu'il est souvent question de la Seconde Guerre mondiale en classe. Je passe beaucoup de temps à la bibliothèque de Cahors où je demande des conseils de lecture sur le sujet.

« Commencez par Primo Levi », me dit-on.

Je le lis et reste figé face aux mots qui me semblent dépeindre des images presque vivantes. C'est en lisant Joseph Kessel quelques années plus tard que je découvrirai une définition du courage : « Le courage, c'est de ne pas se laisser intimider par les difficultés, de ne pas céder à la peur devant l'adversité, et de continuer à avancer avec détermination. » J'essaie de comprendre ce qui pousse les hommes à en faire preuve. Est-ce une faculté innée, un héritage familial ? Un choix de vie ? Le fruit des valeurs qu'on leur a inculquées ? De leurs convictions politiques ou religieuses ?

Ce qui est certain, c'est que j'idéalise à cette époque la nature humaine. Pour moi, le courage est le meilleur de l'humanité. Être humain, c'est être courageux. Ce qui fait de nous des hommes, ce sont nos actes d'héroïsme, de grandeur, sinon rien.

Je ne suis pas encore adulte, je regarde ces valeureux avec les yeux d'un enfant qui aimerait savoir ce qui peut nous rendre capables d'accomplir de si grandes choses et qui semble convaincu que c'est la règle. Plus tard, j'apprendrai que la règle est parfois une exception.

J'ai voulu connaître la recette du courage… jusqu'à ce que je comprenne qu'il n'en existe aucune.

Il ne suffit pas de s'en remettre à quelques principes. Au contraire, pour être digne, comme l'ont été les Justes – qui n'étaient pas forcément au départ des hommes vertueux – sous l'Occupation, il faut être capable de se dépasser. La dignité, comme l'éthique, est affaire d'expérience et personne ne sait vraiment s'il en est capable avant d'y avoir été confronté vraiment.

Certains hommes, au moment de choisir, basculent dans le pire alors que leur cœur n'était pas impur. Je pense au personnage du film *Lacombe Lucien* de Louis Malle. Lucien aurait pu, malgré son accident, prendre une autre voie, s'engager sur un autre chemin. La véritable dignité réside dans la volonté de lutter contre ce qui pourrait s'imposer à nous, fatalement, inéluctablement.

Chapitre 4

Croire

Mes parents ont été pour moi, je l'ai dit, un exemple de liberté. Catholiques, ils ont vécu ensemble sans se marier, et ne se marieront que tard, alors que leur vie avait déjà changé. Ils m'ont appris à choisir par moi-même. Ni mon père ni ma mère n'ont souhaité que mon frère et moi soyons baptisés. Il leur arrivait d'aller à la messe – quoiqu'assez rarement. Ils entendaient nous laisser le choix de nos croyances et de nos pratiques.

C'était aussi, peut-être, une manière de faire du baptême autre chose qu'une simple convention sociale qui suivrait la naissance : le fruit d'une aspiration individuelle, d'un cheminement personnel, une étape de vie intérieure. Enfant, j'observais d'un œil un peu distant ceux qui se rendaient à la messe, avec leur air si sérieux.

Mais à douze ans, mon opinion a subitement changé. J'ai commencé à ressentir comme une carence le fait de ne pas avoir été baptisé.

J'écris alors une lettre manuscrite à l'évêque de Cahors. Je lui dis mes intentions d'être baptisé. Une fois la lettre envoyée, je me rends plusieurs dimanches à l'église. Lors d'un de ces offices, l'évêque, qui ne m'a pas encore répondu, vient à ma rencontre et m'interroge sur mes motivations. Tout cela ressemble à une tentative de dissuasion. Si bien que je crois d'abord qu'il est réticent à cette idée. En réalité, il cherche à me mettre à l'épreuve. Je passe le test et entreprends mon cheminement spirituel vers le baptême puis la confirmation.

Je fais ma première communion à seize ans.

Je ne sais pas vraiment ce qui m'a poussé vers ce choix. La prière m'a toujours fasciné. Les gestes, la force d'espérance et d'intériorité presque physique qu'elle nécessite. Je ne sais pas prier et, enfant, j'étais attiré par ceux qui savaient le faire. Je crois que ma foi vient d'abord de cette volonté d'apprendre à prier. Enfant, on ne théorise pas le sacré, mais on le ressent par les lieux et les rites qui l'incarnent.

Les rites qui m'ont entraîné vers l'Église, comme autant de méthodes pour percer le mystère, sont aussi ceux avec lesquels j'ai toujours été le plus distant. Faire le tri entre ce qui relève du rite et de l'apparat, de la clé et de l'artifice, est difficile. Souvent la répétition du même geste, au même moment, par une assemblée monolithique m'apparaissait comme un abandon de nos consciences individuelles. Aujourd'hui encore, je vois dans la ferveur collective autant de puissance que de faiblesse. Il m'a fallu du temps pour accepter de partager ma foi avec d'autres.

Durant plusieurs années, j'ai été exigeant envers ma foi. Je n'aimais pas l'exposer pour mieux la garder.

Puis la fatalité a frappé, et là où pour certains les épreuves sont l'occasion de consolider leur croyance ou d'y trouver un refuge salutaire, pour moi, ce fut une séparation. J'ai délaissé toute croyance et le sens du sacré qui va avec. L'espérance ne survit pas toujours à une injustice. Quelques années après, j'y suis revenu, toujours grâce à un évêque, différemment, avec plus de prudence.

Je ne crois pas que la foi, quelle qu'elle soit, soit un chemin linéaire. Il faut accepter de douter quand la vie nous y pousse. Il y a des étapes, des cassures, des attirances et des défiances. Les convictions de vie comme la foi sont faites de ces méandres.

Notre époque ne sait plus vraiment douter. Elle aimerait faire disparaître la complexité et les contradictions. Il faut être sûr de tout. Au beau milieu de ces évidences, la foi a du mal à trouver sa place.

Les croyants eux-mêmes ne sont pas à l'abri de céder aux certitudes. Elles fabriquent le dogmatisme aveugle et intolérant. Elles ouvriront la voie aux intégrismes.

En relatant mon expérience, je ne cherche à imposer à personne une religion ou une croyance. Je veux simplement dire à tous que croire, c'est accepter de douter et que ce doute est une vertu universelle qui manque à notre époque.

Nous avons perdu le rapport au sacré. Peu à peu, dans une époque où tout s'échange et où rien n'a vraiment de limites, le sacré apparaît à certains comme un frein qu'il faudrait combattre. Les « déconstructeurs » de notre temps n'ont plus la force d'accepter ce qui est plus grand que soi-même. Le sacré et le rite, qu'ils soient républicains, laïcs, religieux, mystiques, marquent une permanence qui convient mal au culte de l'immédiateté. Regarder les traces du sacré, ces rites et ces lieux, c'est se sentir le maillon d'une chaîne. Se reconnaître un passé et une responsabilité pour ne pas abîmer l'avenir. Nous gagnerons tous à retrouver le sens du doute et du sacré.

Un des chemins les plus accessibles vers la foi est celui de l'étonnement. Pour croire, il faut accepter la surprise, le contact avec ce que l'on ne comprend pas parfaitement et donc que l'on ne maîtrise pas. Notre époque déteste ne pas tout maîtriser, de la procréation jusqu'à la mort en passant par le quotidien de la vie. L'idée même d'incertitude, d'aventure fût-ce la plus banale, trouve difficilement sa place dans la société du contrôle apparent. L'étonnement peut venir de partout. D'un geste, d'une amitié ou d'un amour, d'un signe, d'une œuvre, d'un moment qui vous transperce, d'une impression jusque-là inconnue.

Mais l'étonnement vient aussi des lieux. Les lieux du sacré, de tous les sacrés.

Au cœur du Lot, la cité de Rocamadour est un de ces lieux qui ne peuvent laisser insensible. Accrochées à la falaise, ces pierres blanches protègent la Vierge noire. J'ai dû aller mille fois à Rocamadour, en voisin. À chaque fois, je m'étonne de la beauté de ce site. Rocamadour n'appartient pas qu'à ceux qui prient la Vierge Marie. Elle appartient à tous ceux qui acceptent de regarder ce qui est plus grand que soi. Chaque lieu du sacré, de toutes les croyances et de toutes les religions, appartient au patrimoine commun de l'humanité. Du Quai Branly à Rocamadour, il y a un lien inaltérable.

Aujourd'hui, si j'ai du mal à définir ma propre foi, mais je sais de quelles autres je me méfie.

Je me méfie d'abord de la foi des inquisiteurs, celle du conte de Dostoïevski issu des *Frères Karamazov*. Cette foi trop éloignée des hommes, cette foi qui ne sert à rien d'autre qu'à les culpabiliser, à les obliger à courber le dos, n'est pas la mienne. La foi doit nous faire grandir, non nous rabaisser.

Je n'aime pas cette foi tant honnie par Nietzsche, qui est celle des pharisiens, de ceux qui se donnent une apparence de piété, mais dont la vie dit exactement l'inverse. La foi de toutes les instrumentalisations.

L'ostentation, dans l'expression de la foi comme des sentiments, me repousse toujours. À une époque où la quête de l'identité est partout, comme une obsession, le danger de rendre sa foi ostentatoire est immense. Je ne veux évidemment pas parler du radicalisme politique qui est celui de l'islam en premier lieu, dont l'objet n'a plus à voir avec la foi mais avec un projet politique destructeur et terroriste. Non, je veux parler du rapport que nous pouvons tous entretenir avec nos choix religieux. Ici ou là je vois une volonté de revendiquer sa religion comme ce qui primerait tout le reste et qui devrait s'imposer aux autres. Chez les responsables politiques, cette tentation existe aussi. C'est une facilité et une faute. Chez les représentants des grandes religions, le maître mot devrait être la pudeur. L'intimité a un rôle essentiel à jouer dans toute croyance, bien plus que la banderole que l'on brandit pour la défendre.

Mon père, lorsqu'il a perdu les mots pour livrer ses sentiments, a poussé chacun des membres de sa famille vers cette pudeur et cette retenue. L'expression du moindre sentiment, du plus banal au plus profond, nécessitait des heures d'indices, de gestes, de signes. Pour parfois, finalement, ne même pas parvenir à comprendre. Dans une société qui fait de l'étalement des états d'âme et des sentiments intimes une règle et un besoin, je me sens en situation de résistance presque permanente.

L'Assemblée nationale est devenue un lieu où il est désormais courant et commun qu'un député évoque la part parfois la plus secrète de ses épreuves personnelles. Je ne supporte pas ces moments où un élu paraît chercher dans cette confession un argument politique. Chaque fois qu'une telle scène se reproduit, je pense à Simone Veil lors du débat sur l'interruption volontaire de grossesse, qui, de longues heures, a enduré des tombereaux d'insultes. Elle fut traitée d'assassin, comparée aux nazis et jamais, depuis son banc de ministre, elle ne s'est levée pour dire qui elle était vraiment et ce qu'elle avait supporté dans sa jeunesse. Pour elle, l'enceinte de l'Assemblée nationale n'était pas le lieu adéquat. Pour cela aussi, elle fut et reste un exemple.

Je sais que bien des mots que j'ai pu écrire dans ces pages, des sentiments que j'ai pu exprimer, je n'aurai jamais vraiment eu la force de les livrer autrement. L'écriture a cette force que la parole a plus difficilement, celle de puiser dans l'intime.

Avoir la pleine conscience de ses limites, ne pas se laisser emporter par une tentation prométhéenne est nécessaire à l'homme. Les Grecs résument cela en une notion, la *moïra*, qu'on pourrait traduire par le mot « destin ». Un destin toujours prêt à basculer, tiraillé en permanence entre ce que les dieux veulent imposer à l'individu et ce que l'individu lui-même est capable d'accomplir librement.

La foi, comme la politique, n'est pas faite pour asservir les âmes. Elles se doivent toutes deux de contribuer à les élever.

Chapitre 5

La rage

Nous n'avons jamais parlé de l'avenir, mon père et moi. Même pas vraiment de mon orientation scolaire. Lorsque j'ai choisi la filière scientifique, il s'est contenté d'un hochement de tête, comme s'il n'y avait rien à dire. Envisageait-il de me transmettre son entreprise, comme ses parents l'avaient fait pour lui ? Et si oui, qu'aurais-je fait ? Peut-être serais-je resté à Vaillac, me souciant à mon tour des mauvais arrivages, des mauvais payeurs. J'aurais élevé des chevaux dans le large pré à côté, mené la vie de village à laquelle j'étais habitué. Une jolie vie.

Les discussions avec mon père s'arrêtent par la force des choses alors que j'ai seize ans.

Sa maladie a fait de lui un autre homme et les mots ont disparu.

J'ai longuement hésité avant de parler de lui, de nos difficultés. De ces blessures qui, au fond, ont fait de moi celui que je suis.

J'avais vu mon père fort. Et, comme chaque enfant, je le croyais invincible. Capable de nous sauver de tout. Je l'ai vu monter son entreprise. Travailler jour et nuit pour nous offrir des vacances, pour construire notre maison. Je l'ai vu aimer ma mère et, tous les deux, nous quatre, être heureux. Et puis, d'un coup, mon père s'est effondré. Quand il s'est relevé, il avait le même sourire, le même visage, la même stature. Sa jambe ne répondait plus comme avant et son bras droit restait figé. Mais ce n'était pas le plus important. Le plus important, c'est qu'il était là. Une chose avait disparu, qui change un être humain : les mots avaient disparu. Ils ne reviendraient pas. Une autre vie commençait et un autre père nous accompagnait. Il était toujours ce père grand, fort physiquement que nous avions toujours connu. Mais ce père pouvait retomber à chaque minute. Il s'est mis à pleurer, aussi, souvent. Je n'avais jamais vu pleurer mon père auparavant.

Il ne parlait plus. Aucune parole ne sortait plus de sa bouche. Son accident l'avait comme scellé en lui-même. À table, il était toujours là, les yeux attentifs. Il devait s'exprimer par d'autres moyens. Ce n'était plus lui l'invincible, lui qui veillait sur nous, mais l'inverse, pour ma mère, mon frère et moi. J'ai pourtant senti beaucoup de force dans sa fragilité. Car mon père a tenu. Je l'ai vu résister, se relever chaque fois qu'il s'écroulait, essuyer ses larmes chaque fois qu'elles coulaient. Je l'ai toujours vu être là, digne. Essayer de rester vivant, présent le plus possible. Ma mère est devenue son pilier. Elle l'a aimé, sans relâche. Elle n'a jamais faibli, alors qu'elle avait toutes les raisons de le faire. Les gens présumés forts ignorent que tout être et toute vie sont fragiles. Je leur souhaite de ne jamais l'apprendre.

L'accident de mon père m'a donné une attention spontanée aux plus vulnérables. Non pas par vertu mais par réflexe. Une envie de me battre contre les fatalités qui les frappent. Je fais de la politique parce que je porte en moi quelques balafres. C'est aussi simple que cela.

Quand l'accident de mon père est arrivé, j'ai eu l'impression que le monde se refermait sous nos yeux. Qu'il s'écroulait et se verrouillait. Cette impression fut si forte, si suffocante que j'en ai perdu la foi. Assez longtemps.

Nos conditions matérielles se dégradent vite. Mon père ne pouvant plus gérer l'entreprise, nous perdons presque tout. Bientôt, les amis qui passaient beaucoup de temps à la maison se font plus rares. Le handicap isole et c'est souvent de là que viennent les plus grandes blessures. D'autres restent fidèles à l'affection qu'ils avaient pour mon père et ma mère. Eux, je ne les ai pas oubliés.

Je me souviens de la manière dont les banquiers, qui étaient assez aidants avec mon père, se sont tout à coup retirés. Ma mère n'arrive plus à les joindre. Les seuls courriers que l'on reçoit sont pour réclamer de l'argent. Au bout de quelques mois, les premiers huissiers débarquent à la maison. L'entreprise est en liquidation, la trésorerie, asséchée.

Je me souviens des ateliers déserts. Il n'y a plus que des machines, déjà un peu recouvertes par la poussière et le bruit de mes pas qui résonnent dans cet espace vide. Le grand désert et la solitude qui forgent le caractère. La maison devient un bastion. Ma mère, mon père, mon frère et moi, voilà l'essentiel.

Je ne m'en rends pas vraiment compte mais je nourris ainsi ma révolte. Un jour, au lycée, un chef d'entreprise qui a fait fortune dans les nouvelles technologies, parti de rien avant de développer sa propre entreprise, vient nous expliquer que « tout est possible », qu'il suffit « d'y croire ». En entendant ce discours, je suis saisi d'un mouvement de colère : « Vous pensez vraiment, lui dis-je sans même lever la main, que c'est aussi facile que cela ? Ce sont des mensonges ! »

Un grand silence s'installe dans la salle de classe.

Mes camarades se tournent vers moi. Certains sont au courant pour mon père, d'autres non.

« Vous savez, jeune homme, je n'ai fait que résumer mon parcours, poursuit l'intervenant. Et, pour ne rien vous cacher, je l'ai résumé assez rapidement. »

Le chef d'entreprise se met alors à nous raconter son vrai parcours. Il a perdu son père et sa mère dans un accident de voiture, à peu près à l'âge qui est le mien. Ensuite, il a enchaîné les petits boulots, basculé dans la délinquance, avant de retourner au lycée, poussé par sa grand-mère, et de tout faire pour s'en sortir. Il aurait pu devenir n'importe quoi d'autre. « J'avais la rage », répète-t-il pour décrire son état.

Évidemment, ses mots ont un écho en moi. J'ai appris grâce à lui à ne pas trop me fier aux apparences. À respecter ceux qui cachent leurs blessures, qui se dévoilent petit à petit et dont on comprend, une fois leur vérité mise à nu, combien cette rage, qui aurait pu les perdre, les a sauvés. Sa rage, la mienne, étaient de faire mentir la fatalité.

Au lycée, j'ai choisi la filière scientifique pour faire de la physique appliquée.

Je suis plutôt bon élève. Les professeurs m'encouragent à poursuivre des études. C'est à cette époque que naissent mes plus solides amitiés. Avec Julie, Caroline, Vanessa, Mélanie. Des amies fidèles du lycée et qui le sont restées jusqu'à mes dernières campagnes électorales. Elles ne le savent pas, mais je leur dois beaucoup. À dix-huit ans, censé faire un choix d'orientation, je m'apprête à m'inscrire dans une classe préparatoire en physique lorsque j'apprends l'ouverture d'une prépa Sciences Po au lycée Rive-Gauche de Toulouse. Malgré son appellation presque bourgeoise, le lycée est situé dans le quartier sensible du Mirail. Une zone d'éducation prioritaire. Sans rien dire à ma mère, je dépose mon dossier de candidature.

Lorsque je reçois la nouvelle de mon admission, j'hésite encore à en parler. Ma mère approuve finalement mon choix et je mets le cap sur Toulouse, où je retrouve la plupart de mes amis du lycée. Pour les enfants du Lot, c'est un peu la destination imposée. Toulouse ou Paris, pour ceux qui ont les moyens.

À cette époque, on ne se quitte plus, grisés par un sentiment d'indépendance et de liberté.

Au départ, la préparation au concours de Sciences Po m'enthousiasme. Je découvre des disciplines – la science économique, le droit constitutionnel, l'histoire moderne et contemporaine – qui correspondent à mes véritables centres d'intérêt. Mais cet engouement s'essouffle vite. Non à cause de la pression, de la charge de travail, mais d'une concurrence artificielle que professeurs et élèves entretiennent entre nous. Il est en effet de bon ton de jouer à être des adversaires, de s'affronter comme sur un ring de boxe. Certaines séances d'humiliation me paraissent parfaitement gratuites et je déteste cet exercice qui se prétend formateur.

Je me souviens d'une discussion avec un de mes camarades, Clément, juste avant un examen, un samedi matin. Quelques jours auparavant, l'un de nos professeurs, qui remettait les devoirs, a refusé de distribuer certaines copies au motif « qu'elles ne mérit[ai]ent pas de l'être ». J'ai donc dit à mon camarade :

« Ils sont en train de nous monter les uns contre les autres, c'est ridicule. Ça ne te choque pas, toi ?

— Mais on est là pour ça, tu sais », me répond-il, loin de partager mon état d'esprit.

Je suis resté silencieux, certain d'une chose : je n'étais pas fait pour ça.

Au bout de quelques mois, j'ai quitté la partie en renonçant à me présenter au concours de Sciences Po.

Direction la faculté de droit, où je retrouve ma bande d'amis. Mais là aussi je me heurte au sentiment de ne pas trouver dans l'institution scolaire ce que je suis venu chercher en quittant Vaillac. J'abandonne définitivement l'université avec la conviction que je ferai bientôt autre chose de ma vie. Ma présence y fut épisodique.

J'ai vingt ans et me dis que je n'ai besoin ni de diplôme ni de titres. Je le regretterai peut-être, mais qu'importe. Je me sens bien loin de la vie étudiante.

Pourquoi ai-je tenu à ce point à saborder ma deuxième année universitaire en ne mettant pratiquement jamais les pieds à la faculté de droit ? J'ai en réalité tout mis en œuvre pour ne pas me laisser le choix. Si j'ai déserté mes cours, c'est pour me consacrer à la seule chose qui me passionne : l'engagement politique. C'était irresponsable et immature à l'époque. C'est pourtant là que tout a commencé.

À dix-huit ans, je franchis pour la première fois les portes de la fédération de l'Union pour un mouvement populaire (UMP) du Lot. J'ai choisi ce bord-là sans me poser de question. Certains s'engagent à gauche pour être contestataires, mais dans le Lot, la gauche représente le parti des notables et des caciques. La contestation ne peut venir que par la droite. Et puis, il y a Jacques Chirac.

J'intègre la section des jeunes UMP. Dans notre département, nous ne sommes pas bien nombreux, juste une poignée, à nous réunir l'après-midi pour préparer ensemble des tracts. L'élection présidentielle s'organise, c'est un moment important pour les fédérations qui sont sollicitées au maximum pour faire du porte-à-porte, tracter sur le marché, organiser des campagnes de communication, coller des affiches.

Je comprends que c'est à cet endroit que j'ai envie d'être, qu'ici les choses sont concrètes. Je discute avec des militants de la première heure. Ils me racontent leurs précédentes campagnes, les combats qu'ils ont menés pour l'élection de Chirac en 1995 et en 2002.

Mais 2008 est également l'année des élections cantonales. Généralement, cette élection directe est faite pour des élus déjà installés dans le paysage politique. J'ai vingt ans et je suis encore un peu novice pour prétendre à quoi que ce soit. Sur le marché de Cahors, beaucoup s'amusent de voir ce petit jeune se démener avec son air sérieux, alors qu'il a si peu d'expérience.

Je participe à la réunion départementale de préparation des élections cantonales, qui a lieu dans la permanence de la fédération. Une question se pose : comment pourvoir tous les cantons du département dans cette terre historiquement ancrée à gauche ? Le défi est de taille. La priorité est de trouver un candidat pour chacun des trente et un cantons du Lot. Un véritable casse-tête. Dans la liste, arrive le canton de Labastide-Murat. Il n'y a personne pour s'y porter candidat. Autour de la table, tout le monde se regarde, certains proposent une vague connaissance, quelqu'un qui pourrait « faire l'affaire », mais il « faudrait qu'il accepte, ce n'est pas sûr ! ». Je les écoute, les observe.

J'ai à peine vingt ans. Je lève la main : « Écoutez, j'habite Labastide-Murat. Je pourrais être candidat. »

Autour de moi, la plupart des hommes et des femmes ont l'âge de mes parents ou de mes grands-parents. Certains voient ma proposition d'un bon œil, d'autres, un peu moins.

Ceux qui me veulent du bien se disent que cela me fera une bonne expérience. Les autres pensent que je me casserai les dents. Plusieurs doivent se dire : « Ce petit jeune-là, il se calmera tout seul. » La campagne électorale et l'échec annoncé devraient y contribuer.

Un problème se pose toutefois. L'âge légal pour être candidat est de vingt et un ans. Or, né le 14 mars, je n'ai à cette date que vingt ans. On vérifie : l'élection a lieu le 16 mars, deux jours après mon anniversaire. Le 16 mars, ce sera aussi l'anniversaire de mon père.

Je rentre chez moi le soir dans un état d'excitation que je n'avais jamais connu.

Je vais me jeter dans une aventure qui durera plus d'un an et représente pour moi bien plus qu'une simple campagne : une quête fondatrice. C'est le moment de me prouver des choses et de passer des rêveries aux travaux pratiques. L'angoisse qui ne me quitte pas, d'être prisonnier d'une sorte de fatalité me pousse à vouloir déjouer tous les pronostics, y compris les plus fous.

Avant de partir en campagne, on me conseille de rencontrer trois militants fidèles parmi les fidèles. Des figures locales qui savent tout de ce territoire. « Ils pourront t'aider ! me dit-on. Ils connaissent tout le monde ici.» J'accepte, sans trop savoir ce que je vais chercher auprès d'eux.

Arthur, Roger et Lucien seront mes premiers guides. Sur cette terre de gauche, ils passent pour les irréductibles de droite. Au téléphone, je reste un peu évasif et leur explique simplement que j'aimerais les rencontrer pour «parler du canton de Labastide-Murat».

Le rendez-vous est pris chez Roger Bonnet, dans sa maison du Mas-del-Roy, un hameau voisin de Labastide-Murat. À cette époque, pour me déplacer, n'ayant ni véhicule, ni permis, j'enfourche toujours la mobylette de mon petit frère. C'est l'hiver, la nuit vient de tomber et, le casque bien serré sur la tête, je me rends chez Roger. En chemin je réfléchis à ce que je vais bien pouvoir leur dire.

La situation est assez cocasse. Ni Arthur, ni Roger, ni Lucien ne me connaissent. Ils m'ont seulement entrevu et ont peut-être entendu parler de moi. Je fais, quant à moi, comme si je ne doutais pas de leur soutien à venir.

J'arrive chez Roger, la porte s'ouvre et les trois militants m'accueillent dans une grande maison, typiquement quercynoise, aux pierres blanches et sèches. Il fait très froid, dehors la neige tombe. À l'intérieur, dans la salle à manger, le feu crépite dans une cheminée pleine de bûches et de braises. Roger tape un grand coup sur le feu et vient s'asseoir à côté de ses amis. Les trois hommes me font face, alignés, écoutant ce que j'ai à leur dire.

« Je vais être candidat au conseil général. »

Arthur, ancien agriculteur, est un vieux militant du RPR. Il a la mine joyeuse. Lucien a été maçon, lui aussi est un militant de longue date. Quant à Roger, le plus grand des trois, il a plus d'expérience, en tant qu'ancien maire et ex-conseiller général de Labastide-Murat.

« Il faut y aller ! On va mener la bataille ! » s'enthousiasment-ils.

Ils n'hésitent pas alors qu'ils auraient toutes les raisons de le faire.

Sensation étonnante, je vois soudainement dans leurs yeux la lueur du militantisme renaître. Ils sourient comme des grands enfants qui retrouvent toute leur énergie d'antan. Pourtant, je n'ai rien à leur promettre si ce n'est une campagne électorale qui s'annonce épique.

J'ai vingt ans et ils en ont presque quatre-vingts. Je pourrais être leur petit-fils et, ce jour-là, je deviens leur candidat. Désormais, nous allons faire histoire commune, passer toutes nos journées ensemble. Arthur, Roger et Lucien deviennent de vrais compagnons. Les plus fous, dans cette aventure, c'étaient eux et tous ceux qui nous ont alors rejoints dans chaque commune du canton. Je n'ai oublié aucun d'eux et ne les oublierai jamais.

Me voilà donc officiellement candidat au conseil général sur le canton de Labastide-Murat. Ironie de l'histoire, mon adversaire se trouve être mon ancien instituteur. Il est conseiller général et maire sortant de

Labastide-Murat. Il dirigea l'école primaire de la commune et fut un enseignant très apprécié, désormais à la retraite. Georges Foissac se représente comme tête de liste sans adversaire déclaré au poste de maire et sans adversaire sérieux au poste de conseiller général.

Ma candidature, pour l'heure, est un secret bien gardé. Mes parents – ma mère, surtout – ne sont pas vraiment au courant. Elle la découvrira par hasard, quelques semaines plus tard, en faisant les courses. Près de la caisse, parmi les journaux exposés, se trouve *La Semaine du Lot*. Dans ses titres figurent ma photo et l'annonce de ma candidature. Je lui donne le moins d'explications possible, minimise la chose.

« C'est beaucoup moins important que ça n'en a l'air. Personne ne voulait y aller donc je m'y suis collé, rien de plus. »

Je crois l'inverse mais ne lui en dis pas un mot.

Mon QG sera l'ancien bureau de mon père. Ce dernier me regarde parfois aller et venir, pousser des meubles, ranger des documents, passer des coups de fil. Je lui explique un peu la situation, mais pas dans le détail. D'une certaine façon, le moment est symbolique. Puisque c'est depuis ce lieu que les aventures familiales ont toujours commencé. Je poursuis l'histoire, d'une autre manière. Pour l'heure, je me heurte à plusieurs obstacles. Mon très jeune âge, mon absence de notoriété, et le plus redoutable de tous : le fait d'être un candidat « de droite », sur une terre historiquement de gauche.

Le problème est non seulement que je ne suis pas connu, mais que je ne connais personne dans le canton, mis à part mes quatre ou cinq voisins. Ma mère me conseille d'aller voir «celle qui connaît tout le monde», Annie.

Je l'appelle et vais donc la rencontrer. Elle et Jean-Pierre, son mari, sont d'anciens commerçants du village. Un couple aux valeurs solides qui a traversé ensemble bien des turbulences.

«Je ne suis pas sûre de pouvoir t'aider, Aurélien...», me dit-elle.

Je reviens le lendemain, cette fois avec la liste électorale de tout le canton.

Chaque jour, pendant trois mois, je passerai des heures chez elle et son mari, avec cette liste en main. Un par un, Annie me raconte l'histoire de chaque électeur et je noircis la feuille au fur et à mesure en l'annotant.

«Lui, tu vois, quand il était jeune, il jouait de la trompette. Elle, elle passe beaucoup de temps à l'église. Lui, il a été conseiller municipal, mais ça s'est mal passé.»

Cette liste a été ma bible électorale.

Le soir, nous nous retrouvons dans le bureau avec des militants pour préparer et plier des lettres, inspecter le programme de demain. Nous avons déployé deux grandes cartes sur le mur du fond.

Je décide d'aller voir le président du conseil général de l'époque, un cador du Parti socialiste, Gérard Miquel.

Il m'accueille poliment dans son bureau. Évidemment, je ne suis pas son candidat et je viens le voir plus par esprit de provocation qu'avec l'idée de le convaincre.

Pendant près d'une heure nous avons une discussion surréaliste durant laquelle je lui explique que je suis meilleur que son propre candidat.

« Vous n'avez aucune chance », finit-il par me lâcher.

Je jette un coup d'œil à son bureau, aux décorations et aux quelques photographies, l'une de François Mitterrand, qui trônent çà et là. Le président du conseil général se tient droit sur son large fauteuil, dans son confortable costume. Face à lui, je suis moins fier que j'en ai l'air.

Il m'explique pourquoi la bataille est perdue d'avance. Je ferais mieux de retourner à la fac, de faire ce que font les gens de mon âge.

« C'est une terre de gauche ici. »

Je comprends à demi-mot que je vais peut-être me ridiculiser. Je serai fini avant même de commencer. Gérard Miquel se comporte comme un protecteur qui voudrait dissuader l'autre de faire une bêtise. Il garde les mains croisées.

« Vous n'avez aucune chance, Aurélien, me répète-t-il. Vous feriez mieux d'abandonner tout de suite... Vous êtes plein de bonne volonté, mais prenez le temps pour réussir. Ne vous gâchez pas. Restez en dehors de tout cela. »

Les mots de Miquel ne m'atteignent pas vraiment.

« Je sais que ce sera difficile, lui dis-je, tout le monde m'assure que le sortant est indéboulonnable. »

Tout à coup, le regard de Miquel change. Il lève les yeux au ciel, puis me toise, avec un air étrange : « Personne n'est indéboulonnable ! »

Nous nous quittons sur ces mots qui sonnent comme un défi ou une prophétie.

Était-ce simplement un élément de langage ou une invitation à poursuivre ? En politique, personne, en effet, n'est indéboulonnable.

Je mène ma première campagne électorale à mobylette – celle de mon frère. Convaincre tout un canton peut avoir l'air simple. Ce n'est pas le cas. Par où commencer ? Par qui commencer ?

J'ai scotché deux cartes IGN dans le bureau à partir desquelles je travaille. Chaque soir, nous définissons une zone. Avec la liste électorale, nous dressons l'inventaire des personnes à aller voir. Et le matin, je commence à faire le tour de chaque maison. Toutes, sans exception. Une par une. Quand il n'y a personne, je repasse. Je sillonne tout le territoire. Je découvre Beaumat, Ginouillac, Lunegarde, Soulomès, Séniergues, Fontanes-du-Causse, des communes, des villages, des hameaux, qui ne comptent parfois pas plus de soixante-dix habitants, et avec eux des visages plus ou moins chaleureux, plus ou moins accueillants. « Bonjour Monsieur, je suis Aurélien Pradié et suis candidat aux… Avez-vous un peu de temps pour discuter ? »

Je cache ma mobylette à l'entrée des villages pour paraître plus crédible. On croirait un personnage tout droit issu du *Péril jeune*. Je me recoiffe, rajuste mes vêtements et vais frapper aux portes.

Je me souviens de cet homme, Jean, qu'Annie m'avait présenté comme «très difficile». Celui dont elle m'avait dit que très jeune, il jouait de la trompette. Un renseignement qui ne m'avait pas vraiment paru déterminant. Je frappe à sa porte et, dès qu'il me voit, avec ma tête de jeune homme poupard qui tente de sourire autant que possible, il se braque :

«Je ne suis pas intéressé !

— Attendez, Monsieur, je m'appelle Aurélien Pradié, je suis candidat aux élections... Et j'aimerais juste parler avec vous.»

L'homme me toise et ricane, l'air de dire «certainement pas». Il s'apprête à refermer la porte lorsque j'aperçois, dans le fond du couloir principal, posée sur le haut d'une commode, la fameuse trompette. Alors, j'enchaîne : «Il paraît que vous êtes le meilleur joueur de trompette du département ! C'est vrai ?»

Ses yeux s'illuminent. Nous parlons de cet instrument pendant deux heures, sans discontinuer. Je n'y connais rien, mais j'écoute. Je me passionne pour sa passion. Il évoque Maurice André, les grandes heures du jazz américain, Miles Davis. À la fin, il me serre la main et conclut : «Ça faisait longtemps que je n'avais pas parlé de cela. Vous m'avez ramené dans un temps où... Enfin, je voterai peut-être pour vous, Aurélien.»

Durant un an, tous les jours, je pars sur les routes, avec ma carte IGN, mes notes et ma mobylette.

Je vis des expériences qu'on ne peut apprendre sur les bancs de la faculté. Cette expérience des hommes dont parlait Georges Pompidou. Des plus simples viennent les plus solides enseignements.

Au sujet des problèmes de ramassage d'ordures ménagères, de départ en retraite de l'unique médecin du village, de fermeture possible d'une crèche.

Peu à peu, une confiance s'installe entre les électeurs et moi.

C'est un regard complice, une tape dans le dos suivie d'un « bonne chance, mon garçon ! », une mère de famille que je ne connais pas et qui s'approche pour me serrer la main en silence. Au bout de quelque temps, l'hypothèse d'une réussite n'est plus exclue.

Le soir du premier tour arrive. Pétrifié, je me réfugie à Vaillac. La veille, j'ai retrouvé des amis d'enfance dans un petit restaurant de Cahors que nous apprécions. Julie me demande si j'ai peur de perdre.

Je réfléchis un instant avant de lui répondre : « Ce n'est pas le fait de perdre ou de gagner qui m'inquiète, lui dis-je. La vraie question est de savoir s'il y a une fatalité. Si ce qui est impossible doit le rester. Ou non. »

Le dimanche soir, je ne quitte pas le bureau de mon père.

La maison est silencieuse. En réalité, je me prépare depuis le début de l'après-midi à une défaite. Elle me paraît inéluctable.

On m'informe par téléphone que les cent premiers bulletins viennent d'être dépouillés. En général, ce sont eux qui annoncent la tendance. Ce n'est pas une source certaine, mais elle est plutôt fiable. Or, les cent premiers bulletins sont « plutôt bons », me dit-on.

Puis les choses s'accélèrent et je commence à me dire que la bataille n'est pas perdue. Je décide alors d'aller à la mairie de Labastide-Murat pour attendre les résultats. Et plus les minutes passent, plus je comprends que je vais être élu. Je ne pense à rien, je me souviens juste de mon cœur qui bat, qui s'emballe au fil des secondes, de l'excitation et d'un sentiment de vertige qui grandit.

C'est le soir du premier tour, j'ai vingt et un ans et je deviens un des plus jeunes conseillers généraux du pays. J'ai gagné face à mon ancien instituteur, Georges Foissac, qui m'avait appris à lire et à écrire. De cette ironie de l'histoire, j'ai gardé pour lui un sincère respect.

Je retourne à la salle des fêtes de Vaillac où les militants m'attendent. C'est un moment très fort. Nous sommes tous épuisés, mais tellement heureux. C'est la première fois de ma vie que je vois des adultes pleurer de joie. Pleurer sans qu'il y ait un drame.

Je revois Lucien assis sur sa chaise. Il n'y croit pas, regarde à gauche, à droite. Les autres militants lui tapent dans le dos.

« On l'a fait, Aurélien, on l'a fait ! » répète-t-il en boucle, avec les larmes du bonheur.

Je n'ai oublié aucun des visages des militants qui ont rendu cette folle victoire possible. En écrivant j'aurai envie de les remercier chacun, individuellement. Ils étaient fous de me suivre, plus encore que moi. Parmi eux, il y avait Loulou, ce commercial à la retraite. Il m'a accompagné comme son petit-fils. Je pense toujours à lui. Mes plus grandes émotions, je les ai vécues dans leurs yeux, plus que dans les miens. Ces sentiments hors normes, il faut les avoir vécus pour comprendre ce que la politique est capable de produire de meilleur et parfois de plus dur.

La promesse républicaine commence ce soir-là pour moi. Dès lors, je n'aurai de cesse que de vouloir la faire partager à tous ceux de mon âge.

À la préfecture, où je vais attendre les résultats officiels, dans une grande salle à l'étage qui sert de quartier général pour la soirée électorale, le personnel a projeté une large carte du département répertoriant tous les cantons avec une coloration spécifique pour chaque courant. Rose-rouge pour la majorité départementale de gauche, blanc pour les sans-étiquette, bleu pour la droite. Le département est en rose-rouge. Il n'y a qu'une tache au milieu du département, une grosse tache bleue.

En me voyant, accompagné de ma valeureuse suppléante de l'époque, Corinne, la préfète, Marcelle Pierrot, me lance en me tendant les bras : « Monsieur le conseiller général ! Vous êtes la seule tache bleue du département ! »

Je lis dans son regard une fierté, du plaisir même. Elle dissimule à peine son sourire.

La deuxième personne que je vois est Gérard Miquel. Le président du conseil général sort d'une pièce adjacente et vient à ma rencontre.

Il n'a pas le temps d'ouvrir la bouche que je lui dis : « Vous aviez raison, personne n'est indéboulonnable. »

Dans le grand salon de la préfecture règne une ambiance étrange.

Gérard Miquel voudrait reprendre la main, je le sens un peu gêné. Il me félicite, plus ou moins sincèrement, puis me dit : « On ne t'avait pas vu venir, maintenant que tu es là, il va falloir qu'on parle. »

La discussion s'arrête et reprend deux jours plus tard dans son bureau.

Le président du conseil me tutoie, tandis que je persiste à le vouvoyer. Je sens que nos rapports ont cependant changé. Sans être plus aimable, il me regarde d'un œil différent. Je ne suis plus à ses yeux ce gamin insouciant, un peu tête brûlée, appelé à se casser les dents contre le mur des réalités. Tandis qu'il me parle, on dirait que les rôles s'inversent. C'est lui à présent qui cherche à me convaincre. Me convaincre de quoi ? De rejoindre sa cause ! La gauche me tend les bras. Quelle drôle d'idée de s'égarer à droite…

« Il y a une tradition dans ce département, tu le sais, Aurélien. On est socialiste ou radical de gauche…

Au pire, on est sans étiquette ! Mais UMP ? Alors ça, jamais ! Pas plus qu'on ne vote contre le budget. »

Il insiste : « Rejoins la majorité, Aurélien. Tu as bon potentiel, tu l'as prouvé. Ne te gâche pas. »

Je n'ai pourtant aucun doute sur ce que je dois faire. J'ai choisi une famille, et ce n'est pas pour la quitter à la première victoire.

« Moi, je serai UMP », lui dis-je.

Sans doute mon parcours aurait-il été plus facile si j'avais accepté son offre.

C'est le début de sept années de combat, où j'apprendrai à tenir bon et à essuyer les coups. Gérard Miquel me formera à sa manière. Non pas comme mentor mais comme adversaire. L'adversité est le plus robuste des apprentissages.

Chapitre 6

Seul contre tous

On compare parfois la politique à la boxe. Pour moi, ce n'est pas qu'une simple formule. Élu conseiller général à vingt et un ans, seul UMP de l'assemblée départementale, j'ai l'impression, au milieu de la mêlée, d'être pour tous la cible privilégiée.

Chaque vote est un combat, chaque débat tourne à l'affrontement. Il faut dire que mon élection perturbe une mécanique bien rodée.

Au conseil général du Lot, le maître mot a longtemps été «pas de vagues». Dans cette arène miniature, temple successif du radicalisme de gauche puis du Parti socialiste, les mêmes élus, les mêmes hommes et femmes, se retrouvent à chaque mandat et célèbrent, entre eux, leur nouvelle élection. Le programme n'a pas changé depuis 1980 et tout le monde se connaît depuis dix, vingt, parfois plus de trente ans. Les amitiés sont solides. À force de se fréquenter en dehors du Conseil, ses membres ont passé entre eux une somme incalculable de pactes dont le contenu est secret. Je comprends, par exemple, que les décisions se prennent davantage dans les temps d'à côté, durant le déjeuner, que lors des sessions. C'est une banale habitude partout où les majorités sont écrasantes et les contre-pouvoirs, rares. Je le sais désormais. Mais à cette époque, c'est une réalité que je découvre et apprends.

Dans cette vie politique à l'ancienne, on se serre la main pour négocier et on négocie pour conserver le *statu quo*, tant que les choses ne vont pas trop mal, de façon à assurer les intérêts de chacun. Tous sont des notables de la vie politique. Le Lot est une terre de gauche et, au regard de leur hégémonie, rien ni personne ne peut vraiment les perturber.

Seul élu de droite, je n'ai pas de quoi les inquiéter. Je peux néanmoins les déranger.

La Dépêche du Midi titre au lendemain de mon élection : « La droite entre au conseil général. » C'est un événement. Le journaliste y souligne qu'il y a dans mon élection une surprise et peut-être même une sorte de fraîcheur. Lorsque nous avons terminé l'entretien, il me dit : « On a presque envie d'y croire. » J'interprète cette phrase comme un appel à l'authenticité. À moi de faire le reste.

Mes premières prises de parole sont difficiles. Je suis un peu comme un supporter du PSG seul à Marseille au stade Vélodrome. Chacune de mes interventions est couverte par celle de trente autres conseillers qui m'expliquent que je suis un bleu, bien trop jeune pour « comprendre ». Ces conseillers s'adressent à moi comme à un stagiaire, venu ici pour observer des professionnels et qui ferait mieux de s'en tenir là. Leurs diatribes sont souvent violentes, et tous y vont de leur bon mot afin d'amuser les autres. Il paraît que j'ai encore du « lait qui sort du nez ». Ce n'était pas totalement faux, à ceci près, qu'avant la politique, la vie m'avait sevré assez radicalement du lait de l'enfance.

Dans cet hémicycle, j'apprends que tous les coups sont permis. Notamment l'humiliation. Je me souviens de ce conseiller d'une cinquantaine d'années, très sûr de lui, un peu rondouillard, qui, parce que je venais de le contredire, me lança au visage : « Mais vous êtes qui au juste ? Rappelez-nous ce que vous avez fait dans la vie ? Ah oui, c'est vrai : vous n'avez rien fait ! »

Ils ne me pardonnent pas mon élection qui leur a fait perdre un peu de leur contrôle.

Ces moments sont pénibles à vivre pour moi, mais aussi pour Mariel, ma collaboratrice.

Quand je l'ai rencontrée en 2008, elle était chargée du groupe d'opposition. Ce petit brin de femme, que l'on pourrait juger un peu fragile au premier contact, est une infatigable travailleuse d'une fidélité exceptionnelle. Mais il faut d'abord obtenir sa confiance, s'en montrer digne. Je sens à plusieurs reprises qu'elle me met à l'épreuve. Mariel est toujours présente dans les moments de doute. Elle ne m'a jamais fait défaut. Elle deviendra quelques années plus tard ma collaboratrice parlementaire.

À l'issue de chaque séance plénière se tient un déjeuner avec les élus au dernier étage de l'hôtel du département. Aucun plan de table. Inutile, en effet, puisque tout le monde est censé cohabiter plus ou moins harmonieusement.

Durant sept ans, lorsque je m'installerai à une table, seule ma collaboratrice déjeunera avec moi. Sept ans à me sentir dans une sorte d'état de siège permanent. Il arrive donc assez souvent que je m'abstienne de participer à ce genre de repas.

À peine quatre mois après mon installation, un conseiller général me qualifie d'« enfant gâté » au cours d'un débat. Un journaliste croit bon de reprendre l'expression : « Pradié, l'enfant gâté de la politique ».

Si les attaques des autres élus ne me touchent pas – du moins pas autant qu'elles le pourraient –, celle-ci me blesse. « Enfant gâté » : l'exact inverse de mon histoire.

La presse, elle non plus, ne me pardonne pas mon élection. Certains journalistes (pas tous) veillent à ne jamais mentionner mon nom, préférant parler du « conseiller général de droite », du « conseiller général UMP ». Une manière très efficace, sur cette terre de gauche, de me rendre le plus répulsif possible. Cette étiquette collée sur le front parasite toutes mes interventions. Tous mes combats sont effacés, étouffés.

Ma première cérémonie officielle se déroule à Caniac-du-Causse, une petite commune du canton dont je suis devenu le conseiller général, proche de la mienne. Ce village a été décoré en 1945 de la médaille de la Résistance pour avoir abrité de nombreux Justes.

Leur histoire est un exemple magnifique de courage et d'altruisme, dont on m'a un peu parlé, enfant, quand j'ai commencé à m'intéresser à l'histoire de la Résistance. Grâce à sa position stratégique et au soutien de ses habitants, Caniac est vite devenue un refuge pour tous ceux qui fuyaient les nazis. Le maquis tiendra bon face à une répression féroce. L'histoire de la Résistance à Caniac-du-Causse témoigne de l'incroyable détermination de femmes et d'hommes ordinaires face à des circonstances extraordinaires. Dans ce village isolé, les maquisards ont tenu tête à l'occupant, soutenus par une communauté qui n'a pas hésité à tout risquer. Ces actes héroïques ont laissé une marque indélébile dans l'histoire locale.

La cérémonie m'impressionne. Les habitants sont tous venus pour assister à ce moment de recueillement et de célébration en l'honneur de ce que le courage humain a produit de meilleur. Sur la petite place où est installée l'estrade, les élus, la préfète et moi-même sommes appelés à tour de rôle à prononcer quelques mots. Juste avant moi, un élu socialiste prend la parole. C'est une figure de notable à la carrure imposante et ronde. D'un pas plein d'assurance, dans son costume gris un peu trop large, il se lève, saisit le micro et commence son discours. Il cite Camus, Aragon. Satisfait, il conclut : « Nous savons tous ici que si nous avions été à la place de ces Justes, nous aurions fait la même chose.»

Ces mots me heurtent.

Je pense à Primo Levi, à ce qu'il a écrit de cette Résistance présentée comme un «devoir moral», dont si peu d'hommes se sont montrés dignes. Les mots de cet élu me choquent parce qu'ils me paraissent emplis d'une certitude trompeuse et même insultante envers ceux qui, face à nous, ont vraiment résisté.

Arrive mon tour.

C'est ma première prise de parole publique. Je me lance : «Moi, je ne sais pas si j'aurais été résistant. Comment en être si sûr? Et puis, le faut-il? Qui, parmi nous, peut se croire à l'abri de la lâcheté et de la pire faiblesse? Qui, parmi nous peut se croire résistant, à part ceux qui ont vraiment résisté?»

Je me suis toujours intéressé à ce qui a motivé l'engagement de ceux qui se sont sacrifiés. Cette part de mystère, je ne l'ai jamais mieux ressentie qu'en regardant, un après-midi de 2009, une rediffusion de la cérémonie d'entrée de Jean Moulin au Panthéon.

Nous sommes en 1964. D'une voix chevrotante, chargée d'une émotion étrange, André Malraux commence son discours par ces mots : «Monsieur le président de la République, voilà donc plus de vingt ans que Jean Moulin partit, par un temps de décembre sans doute semblable à celui-ci, pour être parachuté sur la terre de Provence, et devenir le chef d'un peuple de la nuit. Sans cette cérémonie, combien d'enfants de France sauraient son nom ? Il ne le retrouva lui-même que pour être tué ; et depuis, sont nés seize millions d'enfants... » Dans cette scène, un détail attire mon attention. Un détail qui n'a pas grand-chose à voir avec la beauté du discours de Malraux, mais qui concentre toute la charge esthétique, émotionnelle, d'un tel moment.

Ce détail, c'est l'allure du général de Gaulle, enveloppé dans une gabardine de couleur sombre. Son visage, surtout, dont la gravité semble exprimer le sacrifice de tous ceux dont Malraux rappelle qu'ils sont morts dans les caves sans avoir parlé. À qui pense de Gaulle à ce moment-là ? Son expression est celle d'un homme dont on ne saurait dire s'il est perdu ou habité. C'est le visage d'un homme qui s'interroge. Ce jour-là, je me suis dit que les héros l'étaient devenus parce qu'ils savaient douter.

Chapitre 7

Le tempérament

En 2010, le Parlement adopte une réforme qui prévoit le redécoupage de la carte électorale. Les départements sont chargés de définir une nouvelle carte, censée être plus en accord avec les réalités démographiques. Le président du conseil général expose, après des semaines de discussions opaques, ce que va devenir celui du Lot. Nous sommes en séance plénière et, pour moi, c'est la douche froide.

Selon cette nouvelle carte, il est prévu de diviser le canton de Labastide-Murat en trois secteurs. L'idée, caractéristique de notre époque, est de mettre les villes – les fameux « pôles urbains » – en avant au détriment des communes rurales, dont on n'attend plus rien, si ce n'est qu'elles s'effacent et suivent le mouvement.

Ce nouveau découpage est si grossier que chacun y voit une manœuvre claire consistant à m'éjecter. Face à ma colère, Gérard Miquel essaie de temporiser. Quelques jours après l'annonce, il me rejoint dans mon bureau afin de m'expliquer que ce projet n'est pas fait contre moi, qu'il ne gagne rien, lui non plus, dans ce redécoupage. Évidemment, ce n'est pas la réalité. La politique est une affaire de tactique souvent brutale, je le sais désormais. Je refuse de céder et nous nous quittons dans un silence glacial. Je sais qu'au conseil général, à part d'un ou deux conseillers, je n'obtiendrai aucun soutien. À l'intérieur, le combat est déjà perdu. C'est à l'extérieur qu'il peut être mené.

La question est de savoir si les citoyens nous suivront. *A priori*, ce n'est pas vraiment un débat dans lequel ils s'engagent. On s'attache à sa commune, au nom de sa rue, à la rigueur à son département, à sa région bien sûr, mais à son canton… Certains en ignorent même l'existence. Et si personne ne réagit localement, est-ce bien la peine de se mobiliser ?

Nous décidons d'organiser une réunion d'information et, contrairement à ce que je pensais, les habitants viennent nombreux. Beaucoup d'agriculteurs, très attachés à leur terre et à son histoire, sont présents. Je leur parle des conséquences de ce découpage, du fait qu'avec la division de notre canton – qui est en fait un éclatement –, les nouveaux cantons seront plus vastes, que leurs habitants perdront en proximité avec leurs élus et devront contribuer au financement des grandes agglomérations. Rapidement, la discussion bascule sur des questions d'identité, de racines, sur l'histoire de notre territoire. Chacun en vient à évoquer des souvenirs qui le rattachent à ce canton, à ce qui fait de lui une communauté. Ce qui est en jeu derrière ce redécoupage, c'est la survie d'une certaine ruralité, d'un attachement commun à une terre. L'attachement se révèle parfois là où on ne l'attend pas.

Eux non plus ne veulent rien lâcher. Ils sont décidés à se battre.

À l'entrée de tous les villages, nous installons, avec l'aide d'agriculteurs qui y résident, de grosses bottes de paille. Nous y inscrivons, en gros, en noir, nos arguments contre ce redécoupage. Impossible de les manquer. Nous lançons des pétitions, faisons circuler des messages, multiplions les lettres ouvertes au président du conseil. Bientôt, c'est sur les mairies que nous hissons des banderoles. La contestation grandit. À Cahors, plusieurs centaines de personnes descendent dans la rue. C'est la première fois qu'une manifestation d'une telle ampleur a lieu sur un sujet comme celui-ci qui, à première vue, aurait pu paraître simplement administratif. Les citoyens assistent en nombre à la séance plénière du conseil général où le sujet doit être entériné. Quand la nouvelle carte est projetée pour être commentée, tous font part de leur indignation. Pris de court, Gérard Miquel menace d'interrompre la réunion, d'autres conseillers, sur ma gauche, réclament qu'on fasse venir la sécurité pour expulser *manu militari* le public. C'est bien la première fois que cette petite assemblée connaît de telles perturbations.

Malgré cette manifestation, la carte est finalement adoptée sous les huées. La tactique électorale l'a emporté. On pourrait voir dans cette bataille une anecdote un peu dérisoire. Les découpages administratifs ne sont pas l'essentiel. Et pourtant, chaque petite entorse faite à la proximité de la représentation politique abîme l'édifice démocratique tout entier. La véritable faute consiste à banaliser ces événements. Cette petite bataille, pour les habitants comme pour moi, était grande.

J'ai apparemment perdu la partie et m'attends à ce qu'on me reproche cet échec. Mais c'est le contraire qui se produit : on me remercie d'avoir fait preuve de ténacité, comme si on avait craint que je ne finisse par abandonner. Je mesure une fois de plus que ce qui compte en politique, c'est la solidité dans la bataille que l'on choisit. Tenir bon, quelle que soit l'issue du combat, est un chemin vers la confiance. Celui-ci a permis aux citoyens que nous sommes de mieux prendre conscience de ce qui nous unit par-delà nos différences d'opinions : sa fidélité à un terroir, à une histoire, à une tradition, à des souvenirs. Une vérité qui ne peut s'expliquer de manière technocratique ou bureaucratique sans que les citoyens se sentent méprisés, tenus à l'écart de ce qui les concerne. C'est toute l'importance du tempérament en politique. Le tempérament s'impose par le combat comme un message en soi. Il faut démontrer à ceux qui nous ont fait confiance que nous sommes capables de tenir, de gagner ou de perdre, peu importe finalement.

Le redécoupage d'un canton est une question tellement technique que la plupart des habitants auraient pu s'en désintéresser. Mais ils ont vite compris la véritable nature du problème : c'était la vie de leurs villages qui était en jeu, il ne s'agissait pas d'une simple question électorale. D'où l'importance de traiter les problèmes à la racine, de les mettre en récit, de les faire vivre, et de ne pas s'en tenir à des constructions techniques en apparence inertes.

Défendre des idées, mener des combats, nécessite de leur donner un sens affectif. Il faut la chair et les os. Derrière une réalité administrative, se cache une réalité matérielle, spirituelle, vivante, en un mot : humaine.

Chapitre 8

De Chirac à Pompidou

À cette époque, je m'intéresse de près à tout ce qui concerne Jacques Chirac. Je dévore ses discours et, comme je l'ai dit, je suis intrigué par sa passion des arts premiers. Au cours de mes lectures, un texte qui décrit son attachement filial envers Georges Pompidou m'interpelle. Une photographie l'accompagne, celle de Jacques Chirac lors de la cérémonie d'obsèques de Georges Pompidou, qui rassemble d'illustres personnalités. Tous ont l'air grave et triste, mais ce sont les larmes de Chirac qui se remarquent le plus. En découvrant ce texte, je comprends qu'une partie du secret chiraquien me manque.

Pour mieux saisir la personnalité de Jacques Chirac, je me dis qu'il faut comprendre Pompidou en profondeur. Durant des nuits entières, je parcours ses correspondances. L'une d'entre elles me marque particulièrement : celle qu'il a entretenue avec son instituteur. Dans cet échange, il semble que George Pompidou, pourtant devenu un homme d'État, soit resté l'élève attentif aux conseils de son maître. Je suis frappé par la force de son écriture, son exigence littéraire, dans la moindre lettre, sa volonté permanente de préserver ses attaches humaines et son humilité.

Georges Pompidou est un homme que le doute n'a jamais quitté. Trait commun à mes yeux avec Jacques Chirac. Au-delà des apparences, tous deux connaissaient plus souvent l'inquiétude que la certitude. Le doute était leur force. Rien n'est plus stérile que le tempérament de ceux qui ne s'interrogent plus, sur rien, sur personne ni sur eux-mêmes. De l'amour de la poésie pour l'un à la grande connaissance de l'histoire des civilisations pour l'autre, il y a ce fil commun de l'humilité et de la fragilité. Pompidou, jusqu'à l'ultime expérience de la maladie, n'a jamais cessé de s'interroger. Ses paradoxes le rendent fascinant : il est à la fois l'homme des traditions et celui de la modernité, des convictions fortes et du questionnement permanent. Jacques Chirac s'est-il vraiment un jour senti à sa place, n'a-t-il pas toujours rêvé d'être ailleurs, plus libre, plus aventurier? Il y a leurs apparences de conquérants et puis la réalité de leurs ressorts intimes.

Ce qui me rend familier le personnage de Pompidou, c'est aussi son amour pour le Lot. Le président a passé une partie de sa vie sur le Causse de Cajarc, à quelques encablures de Labastide-Murat. Cette destination était le fruit du hasard dans sa vie. Le couple présidentiel était à la recherche d'une bâtisse loin de l'agitation parisienne. C'est Françoise Sagan qui conseilla à Claude Pompidou d'aller voir du côté de Cajarc. L'immobilier y était bon marché et la lumière «celle de la Grèce». Ils dénichent une ferme modeste et robuste, où ils pourront lire, admirer la nature et soigner les quelques chevaux et brebis qu'ils ont en pension. Pompidou aime cette terre des humbles et des travailleurs, encore préservée des ravages naissants d'une mondialisation dont il a prédit très tôt, avant tout le monde, qu'elle serait pour les hommes autant une chance qu'une perte.

Quelque temps après mon élection, je fais la connaissance d'Alain Pompidou, le fils de l'ancien président, à la Maison des arts de Cajarc. Il a déjà l'âge d'être mon grand-père. Nous sommes très vite devenus amis. J'avais passé tellement de temps à lire les écrits de son père, devenu pour moi une figure structurante, que serrer la main d'Alain me procura une émotion d'enfant. Nous ne parlons pas vraiment de Georges Pompidou mais, lorsque nous nous voyons, il est toujours présent au détour d'une anecdote, d'une expression, d'une remarque, et tisse entre nous un lien profond qui ressemble à une transmission. Les gestes et les attentions transmettent plus de valeurs que les mots.

Des années plus tard, je serai en train de faire campagne pour la présidence des Républicains quand Alain et son épouse m'appelleront tôt un matin pour m'informer qu'ils venaient de reprendre leur adhésion aux LR, désireux de voter pour cette élection interne. Voilà des années qu'ils avaient pris du recul. Je crois savoir sur quel candidat s'est porté leur suffrage. De tous les gestes, ce sont les plus petits qui sont parfois les plus marquants.

Chapitre 9

Rebondir

En 2012, je décide d'être candidat aux élections législatives et repars en campagne. Ceux qui m'ont aidé en 2008 sont toujours à mes côtés. C'est la même équipe que je réunis dans l'ancien bureau de mon père, à Vaillac, un samedi soir. Bien sûr, de nouvelles têtes se sont ajoutées : des sympathisants et quelques maires avec lesquels j'ai pu établir une relation de confiance.

La campagne est d'une grande violence, à laquelle je ne suis pas préparé. Il faut dire que mes adversaires, qui ont eu le temps d'apprendre à me connaître depuis 2008, savent où frapper pour m'atteindre. Je n'ai que vingt-cinq ans et très peu d'expérience. Nous commettons, mon équipe et moi, une première erreur en décidant de tout miser sur mon âge, jusqu'à adopter comme slogan : « La nouvelle génération ».

Mais plus les jours passent et plus je comprends que notre discours est difficilement audible pour la plupart des électeurs de cette circonscription.

Je passe le premier tour, mais ne réussis pas au second. Ce premier échec est un coup dur. Dans ce genre de bataille, il est impossible de ne pas être convaincu de gagner. Il ne faut pas en douter si l'on veut réussir. Au risque de tomber de haut, le soir des résultats.

Le premier secrétaire du Parti socialiste local, directeur du cabinet de Gérard Miquel, publie un communiqué dès le lendemain. Je me souviens parfaitement de ce moment. Je suis à Toulouse en train de prendre un café avec des amis sur une petite place proche du Capitole, lorsque je découvre ce communiqué violent. Il m'invite « à pointer au Pôle emploi ». De cet épisode j'ai appris que, dans les échecs, il est inutile de frapper trop fort son adversaire.

« Ce sont les cicatrices qui nous font, Aurélien », me dira un militant auprès de qui je me plaignais de tant d'agressivité.

Peu après ma défaite, je suis reçu à Paris, au siège de l'UMP. Un des dirigeants de l'époque m'accueille. Il est amical et bienveillant. Entouré de deux de ses conseillers, dans son bureau à la moquette rouge, il me lance pour me rassurer : « Ne t'en fais pas ! Le Lot, c'était perdu d'avance, Aurélien. Ne te gâche pas là-bas, tu devrais te présenter dans un département plus favorable à la droite : change de circonscription. Il faut fouiller la carte électorale et trouver un point de chute. »

Je repars avec l'ordonnance du sage, qui me fait encore plus douter de mon avenir lors des cinq heures de train qui me ramènent à Cahors. Trouver une autre circonscription, être parachuté n'importe où ailleurs, au hasard des possibilités? Je suis fasciné par ces candidats «commandos», adaptables à tous les territoires de l'hexagone, qui partent à l'assaut de n'importe quelle circonscription sans la connaître vraiment et lui déclarent dès leur atterrissage un amour fulgurant ou des ancêtres lointains qui y auraient fait un furtif passage, un soir d'égarement. Inventer une telle histoire peut parfois fonctionner. Encore faut-il en être capable. J'en suis incapable. C'est d'ailleurs une pratique répandue chez les candidats choisis sur concours en un clic par La République en marche en 2017. Pour moi, ce serait renier mes origines, mon attachement à une terre natale. Je ne crois pas à la sincérité de candidats hors-sol, au sens premier du terme. La politique, c'est d'abord l'histoire concrète, charnelle, d'une relation entre un territoire, peut-être même un terroir, des citoyens et leurs élus. Voir le déracinement comme une vertu, c'est prendre le poison pour un remède. En revenant à Cahors, je sais donc que je resterai dans le Lot. Par amour sûrement, par incapacité à quitter cette terre aussi. Reste à gagner la confiance de mes concitoyens.

Ce qui compte davantage que nos échecs, ce sont les moyens de rebondir. Durant cette période, le sport et le travail sont mes meilleurs recours.

Plus jeune, j'ai fait beaucoup de sport. Il y avait le foot, où je trouvais laborieusement ma place, et le rugby, dans une terre qui vibre au rythme du ballon ovale.

Le surf, aussi, lorsque nous allions au Cap-Ferret avec mes parents, dans cette presqu'île qui conserve tout de nos bonheurs familiaux.

Je crois que j'ai arrêté le sport lorsque la vie de mon père a changé. Ce n'était pas volontaire, je ne m'en suis même pas rendu compte sur l'instant. La vie familiale était devenue comme immobile. Alors, moi aussi, je ralentissais.

À vingt-cinq ans, je suis donc un jeune homme bon vivant, aux joues bien roses, sans retenue et qui ne s'économise pas vraiment. Un jour de septembre 2012, je suis fatigué, comme si je venais de courir un marathon, bien que je n'aie pas bougé de chez moi de la journée. J'ai à peine vingt-cinq ans et ce n'est pas l'âge où la connaissance de soi est encore complète. Je dois à mon corps de m'avoir réveillé. Aujourd'hui je le sais et je ne l'oublie pas.

Sébastien est un militant que j'ai rencontré dès les premiers jours de ma campagne législative. C'est un vrai sportif, solide et dur au mal. Il répète toujours la même formule quand les choses ne vont pas : « On va trouver une solution ! » Le secret de Sébastien, c'est l'exercice physique. Marathonien et boxeur à ses heures, il ne s'épuise jamais.

« Tu devrais faire comme moi ! Pas besoin de médicaments quand on a des baskets », me lance-t-il un jour. C'est ainsi qu'il me remet au sport. Intensément. Tous les soirs, je me rends à la salle avec lui, pour un quart d'heure, une demi-heure, puis une heure. Je pars courir autour de Cahors, sur des parcours de plus en plus rudes, par tous les temps et sur tous les chemins, escarpés ou pas.

Le surf retrouve sa place dans ma vie. Les longues attentes sur l'océan et une expérience de la liberté rare. Cet amour du surf a nourri envers moi, chez certains de mes amis politiques, quelques sarcasmes et moqueries. Il reste que l'épreuve vivante d'accompagner une vague est parmi les plus intenses expériences de liberté.

Le sport me devient vite indispensable, jusqu'à l'addiction. Il m'a libéré du désarroi de la défaite et de l'angoisse qui a suivi. Le sport intensif m'a imposé la discipline que j'avais si souvent refusée.

Je dois à Sébastien plus que d'avoir fait de moi le parrain de sa fille. Je lui dois une robustesse que seul le sport pouvait m'offrir.

Le seul diplôme dont je dispose est le baccalauréat et mon CV prête à rire. Il est temps pour moi de chercher un métier. J'adresse ma candidature à une cinquantaine d'entreprises de la région. Seules neuf d'entre elles me rappellent et cinq me proposent de passer un entretien d'embauche. Tous se déroulent de la même manière : vingt minutes de sourires crispés et de formules aimables. « Comme votre profil est atypique ! » « Vous êtes un original ! » « C'est formidable ce que vous avez fait, être un élu local si jeune ! Quel panache ! » Puis, à chaque fois, à la dix-neuvième minute, tombe la question fatale : « Qu'est-ce que vous savez faire alors ? »

Ma réponse ne convainc jamais. Je me souviens pourtant être sorti de chaque entretien avec l'idée que l'originalité de mon parcours pourrait convaincre.

« On vous rappelle très vite », me répète-t-on.

Mes interlocuteurs me rappellent, en effet, pour m'expliquer qu'avec mon positionnement politique, c'est « très compliqué ». Si j'avais été de gauche, membre du Parti socialiste, les choses auraient été plus simples, en effet. Ils sont nombreux, à cette époque, parmi les élus locaux, à occuper quelques emplois dont personne n'a jamais bien su en quoi ils consistent. Pour ma part, je sais manifestement convaincre des électeurs, mais pas tout à fait des entreprises.

J'en suis là quand, un dimanche soir, j'entends ma mère raconter à mon père qu'elle vient de croiser au supermarché un de leurs anciens clients : « Tu te souviens, il était sympathique, lui... D'ailleurs, il m'a demandé de tes nouvelles ».

Mon père sourit, semblant se souvenir de lui à son tour. Ma mère ajoute : « Il m'a dit qu'il travaillait toujours chez Andros ! »

Je lève aussitôt les yeux vers elle. Comment ai-je pu oublier Andros ? Lorsque mon père était en bonne santé, je l'accompagnais pour apporter des fruits dans cette usine.

Andros est une belle et grande entreprise mondiale. En fait, elle est lotoise avant d'être internationale. Sa solidité et son authenticité viennent de Biars-sur-Cère, un village qui commence à fleurer bon la Corrèze voisine du Lot, où son siège est toujours installé. En 2012, Frédéric Gervoson en est toujours le patron. Ce dimanche soir, sans le connaître personnellement, je décide de lui écrire. Je lui explique que je ne sais rien faire, que j'ignore même comment je pourrais lui être utile. Je lui rappelle seulement que mes parents faisaient commerce de fruits et que mon père lui a souvent livré les siens. Si, par hasard, il voulait me former, peu importe à quoi, j'accepterais immédiatement.

Deux jours plus tard, Frédéric Gervoson m'appelle : « Écoutez... J'ai bien reçu votre lettre. Je ne vous cache pas qu'elle m'a paru un peu bizarre. Enfin, bon, venez demain à l'usine et on verra ce qu'on peut faire ».

Frédéric Gervoson n'est ni un homme ni un patron comme les autres. Humaniste de chaque instant, il est un dirigeant exceptionnel. Expressif et solide, c'est un homme qui en impose. Il me reçoit dans son bureau, pieds nus, et tient ma lettre entre ses mains. Ne cherchez pas chez lui les attributs du pouvoir. Il déteste cela. Son véritable pouvoir, ce sont les valeurs qu'il porte et l'attention permanente qu'il donne à ses salariés.

« Manifestement, dit-il, vous ne savez rien faire...

— Pas grand-chose. »

Il lève les yeux au ciel.

« Oui, reprend-il, ce n'est pas très étonnant. Un politique, ça ne sait rien faire, ça se saurait sinon. Écoutez, on ne va pas vous laisser comme ça. Il faut apprendre un métier. Venez à l'usine, vous expérimenterez nos différents métiers. Avec un peu de chance, vous repartirez d'ici en sachant faire quelque chose de vos mains ! »

Hasard, ou non, il m'installe dans le bureau d'un certain Florian Delmas, un jeune ingénieur agronome qui deviendra quelques années plus tard le directeur général du groupe et fait aujourd'hui partie de ces dirigeants d'entreprise qui contribuent à l'avenir de notre pays. Le courant passe très vite entre nous. Nous sommes de la même génération, partageons le même intérêt pour le travail de la terre et le respect des travailleurs. J'apprendrai plus tard que nous avons traversé des épreuves familiales communes. Je l'ignorais, mais notre patron le savait.

Chez Andros, comme prévu, je découvre plusieurs métiers, passe d'un service à l'autre, discute avec les employés. Plus que dans les bureaux, c'est dans les ateliers de fabrication que je me sens à mon aise. Là, je renoue avec les souvenirs de notre entreprise familiale. Je n'ai pas appris ce qu'était le travail chez Andros, j'ai appris ce qu'il pouvait être, ce qu'il devait être : respectueux et digne, dans ses tâches et dans le traitement de chacun des salariés. J'ai plus appris qu'un métier. J'ai appris ce que devait être les valeurs humaines d'une entreprise et à travers elle, l'économie de l'usine, de l'industrie, de la production réelle et du partage juste de la réussite. Andros n'est pas qu'un modèle pour moi, cette entreprise peut l'être pour notre système économique tout entier.

Un jour de 2013, le patron frappe à la porte du bureau : « Aurélien, il faut que tu circules. »

Frédéric Gervoson me répète souvent : « Ouvre les yeux, Aurélien, et tu me raconteras. »

Visite des unités, présentation des employés, des machines, des bureaux et même des cantines : à chaque fois que je suis reçu, j'ai l'étrange impression d'être pris pour l'émissaire alors même que je suis là pour apprendre.

Après chaque déplacement, je rejoins mon patron dans son bureau et lui restitue, dans le moindre détail, tout ce que j'ai vu. Cette boîte de clous, étrangement posée sur le rebord d'une machine. Cette cantine aux fenêtres recouvertes d'épaisses couches de poussière. Ce centre de stockage pour le groupe, à l'atmosphère hostile, où tous les employés ont arraché de leur tenue vestimentaire le logo de l'entreprise et où le directeur de site ne serre la main à aucun des salariés.

« Oui, lui dis-je, il y a de grosses tensions sociales sur ce site, il a été bloqué pendant plusieurs semaines. »

Le directeur sera limogé peu de temps après. Je n'avais rien appris de nouveau aux décideurs mais mon œil extérieur avait confirmé la situation réelle.

Frédéric Gervoson croit à l'apprentissage par l'immersion, une conviction qu'il m'a transmise. Pourquoi cet homme qui aurait pu être mon père m'a-t-il tendu la main ? Je lui ai posé plusieurs fois la question, et chaque fois il a répondu la même chose : « Parce que tu as écrit une lettre. »

Lui qui n'aime pas écrire considère que toute lettre mérite une réponse.

Avant que nous nous quittions, Frédéric me tape sur l'épaule et m'embrasse. C'est un moment durant lequel le silence en dit beaucoup plus long que les mots. «Ce sera ma petite contribution à l'avenir du pays, Aurélien», finit-il par m'avouer.

Chapitre 10

Paysage de Buchenwald

Au cours de mes pérégrinations, je me trouve en Pologne. Je profite d'un peu de liberté pour aller visiter le camp de Buchenwald, de l'autre côté de la frontière allemande.

Adolescent, j'ai passé des jours entiers à lire des ouvrages sur l'univers concentrationnaire, à essayer de comprendre ce qui a pu pousser des êtres humains à se jeter dans la plus féroce des barbaries. J'éprouve le besoin de me rendre directement sur les lieux, sans bien savoir s'il s'agit d'une fascination à combattre ou d'une étape vertueuse. L'ambivalence des actions humaines entre le bien et le mal est un sujet abyssal que je veux simplement explorer. Comment l'homme peut-il être à la fois capable de tous les courages et s'adonner aux plus grandes lâchetés ? Comme s'il vivait à chaque instant suspendu au-dessus d'un gouffre, susceptible de basculer d'un côté ou de l'autre. Cette évidence, nous la perdons parfois de vue, dans le règne des certitudes qui aujourd'hui nous inondent à chaque instant.

Nous sommes en hiver, en début d'après-midi. Dans le train qui m'amène de la Pologne à Buchenwald, j'observe par la fenêtre la lumière blanche, faiblarde, qui transperce d'épais nuages et éclaire une neige grise. Celle-ci a un pouvoir tranquillisant. Les paysages sont beaux. Plusieurs fois, durant le trajet, je dois me rappeler que ce voyage n'a rien d'un voyage comme les autres.

Dans le train, je regarde le visage des autres passagers en me demandant qui ils sont, quelle est leur histoire.

Cette curiosité fait partie de mes obsessions. C'est grâce à elle que je n'oublie jamais un visage. À peine celui-ci aperçu, j'ai besoin d'écrire le fil d'une vie, l'histoire d'une personnalité. J'oublie les dates, jamais un visage.

En route, je me demande comment les habitants de cette terre vivent avec un tel souvenir. Avaient-ils de la famille dans les camps ? Leurs ancêtres ignoraient-ils ou savaient-ils ? Je m'interroge sur l'héritage d'une telle tragédie, sur ce qu'il en reste lorsque la paix revient.

Karl Jasper nous a appris que si le pardon doit faire son travail, ce processus est long, fragile et souvent secret.

Dans le train, j'ai emporté un livre qui raconte l'enfer des camps. C'est un livre de photos, des rares images qui ont été sauvées pour éviter que l'horreur nazie ne tombe un jour dans l'oubli. Je me rappelle surtout les premières pages. Une série de portraits en noir et blanc où des hommes, pour la plupart assez jeunes, sourient en fixant l'objectif. Rien n'indique qui sont ces hommes, aucune légende. Rien. Ce sont des gens qui ressemblent à mes grands-parents lorsqu'ils étaient jeunes. Ce pourraient être eux, ou d'autres. Juste des gens de l'époque. Instinctivement, j'imagine que ce sont les visages de ceux qui sont morts massacrés et, d'un coup, une compassion puissante s'empare de moi. Voici le visage, me dis-je dans le train qui m'emporte vers Buchenwald, des victimes de la folie nazie, de ces vies que l'Histoire a broyées. Et puis, les mêmes pages se répètent, cette fois les portraits sont accompagnés d'une légende. Je découvre alors que tous ces hommes, qui m'ont paru étrangement joyeux, ne sont pas les victimes, mais les bourreaux. Ce sont les visages des officiers et non des prisonniers. Le choc que je ressens me coupe presque la respiration. Je me souviens d'avoir détourné un instant mes yeux du livre pour regarder par la fenêtre et respirer profondément.

Pourquoi ce choix éditorial ? Sans doute pour forcer notre propre jugement à la plus grande humilité. Car on se sent évidemment coupable d'avoir manifesté de l'intérêt pour ces monstres, et en même temps, après ces quelques pages, on ne peut plus les considérer autrement que comme des hommes presque comme les autres.

L'horreur n'a pas toujours le visage des monstres. La banalité du pire est au cœur des basculements de l'humanité. La mécanique qui conduit à la déshumanisation n'est pas faite d'étapes radicales mais de lents glissements. Hannah Arendt nous l'a enseigné, et ce jour-là, sur le chemin de Buchenwald, je touche cette réalité. Comme un rappel salutaire à l'humilité.

Je sors de mon compartiment d'un pas lourd et grave, bouleversé, en sachant qu'il me faut voir de mes propres yeux pour essayer de comprendre.

La gare d'arrivée est déserte, on entend seulement le silence de la neige qui tombe. Je fais quelques pas et parviens à trouver un taxi.

Je lui indique ma destination. Il doit me prendre pour l'un de ces touristes qui se rendent, par choix mémoriel ou par curiosité morbide, jusqu'au camp. Nous roulons en direction du site. Autour de nous, toute trace humaine semble avoir disparu. Ni habitation, ni lampadaire, pas le moindre panneau. Nous traversons une forêt de sapins. Les arbres n'ont rien d'effrayant, on dirait qu'ils trônent là en ayant gardé quelque chose de majestueux. L'horizon baigne toujours dans la brume.

Le taxi me dépose en face du camp, il viendra me récupérer dans quelques heures. Dehors, le froid est mordant, j'avance les pieds enfoncés dans la neige. Le bâtiment est intimidant, avec son imposant portail métallique, son toit sombre et ses murs rouges. Il n'est pas vraiment monumental, mais il écrase le visiteur. Le silence des lieux envahit tout. Comme un profond sommeil fait pour apaiser les morts par milliers. L'endroit ne ressemble en rien à celui que j'avais imaginé. Je m'attendais à tout sauf à trouver ce qui reste de Buchenwald presque beau. J'aurais préféré que l'endroit fût laid, effrayant, sinistre. C'eût été plus simple à supporter. Ai-je vraiment bien fait de venir jusqu'ici ? Et que vais-je y trouver ? Certains viennent ici pour éprouver des sensations fortes. Et moi, pourquoi suis-je là ?

Avant même de commencer la visite, une chose me frappe : la présence d'habitations près du site. Je regarde ces gros bâtiments gris, aux allures de monolithes, datant de l'époque soviétique. Il y a des lumières aux fenêtres, quelques voitures garées sur le parking et des traces de pas dans la neige. Des gens semblent vivre ici. Mon premier réflexe est de trouver cette situation absurde. Incompréhensible même. Comment peut-on habiter dans le voisinage des camps de la mort ? J'aperçois une dame, le foulard sur la tête, qui se penche par la fenêtre de son appartement pour pousser un amas de neige qui s'est accumulé sur le rebord. Il doit y avoir un ordre des choses dans cette scène : le temps passe. Il fallait que la vie revienne ici, que la vie recommence.

Je pénètre dans le camp, il ne doit pas y avoir plus de dix visiteurs. Le premier bâtiment est très imposant, composé de plusieurs étages. J'entre dans la première pièce au rez-de-chaussée : le bureau de ces mêmes officiers dont j'ai vu, quelques heures plus tôt, les visages. La visite se poursuit. De la cour, où devaient se trouver les baraquements, il ne subsiste plus grand-chose, tout a presque été détruit. Il ne reste plus rien que de vagues fondations, des vestiges.

Je me dis que c'est peut-être mieux ainsi. Aucune esthétisation de l'horreur. L'absence dit davantage que la présence des lieux. Ces baraquements du passé sont là comme des fantômes. Une sorte de vide béant. Sur ce paysage, la mémoire reconstruit ce que les yeux ne saisissent pas, et l'expérience en est d'autant plus forte pour ceux qui viennent voir.

Les fours crématoires sont restés intacts. Mais devant la porte du bâtiment où ils se trouvent, j'hésite encore à entrer, comme si ma présence pouvait être offensante pour la mémoire des morts. Faut-il aller jusqu'au bout de cette visite ? J'ai l'impression d'en avoir assez vu. Le simple fait de savoir que, sous ce toit, derrière ces murs, se trouvent les fours crématoires dépasse ce qui paraît supportable. Je ne ressens aucune fascination, juste le poids des souffrances de tous ceux qui ont disparu ici. À côté du bâtiment, je remarque un amas de feuilles mortes. D'où viennent ces feuilles ? Il n'y a aucun arbre alentour. On dirait qu'elles sont venues de loin s'entasser là pour mourir. Anéanties, elles aussi. Elles me font penser à un cimetière sans tombes.

À l'intérieur, je finis par apercevoir du mouvement. Un couple de septuagénaires chemine dans le couloir principal et se prend en photo devant les fours. Une pancarte indique que les appareils sont interdits. Je les regarde faire, effaré. Quel souvenir veulent-ils emporter ?

Je les dévisage. Quand la femme croise mon regard, elle demande à son mari de ranger son appareil.

Elle le prend par la main, les yeux baissés, et ils quittent ensemble le bâtiment. Cette scène finit de me convaincre de sortir à mon tour. Le cimetière sans tombes a suffisamment été dérangé.

Sur le chemin du retour, je me sens à la fois lourd et apaisé d'être allé jusqu'au bout d'une telle visite. Tous ceux qui auront visité un de ces grands sites de mémoire savent qu'une telle expérience est salvatrice.

Chacun peut être amené un jour à douter face au monde qui l'entoure et aux événements, en s'abstenant de juger, tant qu'il ne connaît pas la vérité. L'intransigeance ne signifie pas la rigidité de la pensée. Nous avons le devoir de remettre en cause nos certitudes, le motif de nos actions, comme l'exigeait Kant. Préserver la part de doute qui est en nous, n'est-ce pas là l'unique manière de résister au pire ? La faiblesse m'a toujours plus intéressé que la force. Pas la faiblesse de ceux qui cèdent ou se laissent corrompre, celle de ceux qui s'effraient de toute certitude.

Les générations qui ont suivi la guerre connaissaient leur faiblesse. Elles s'interrogeaient. Elles ont essayé de penser, d'apprivoiser la violence et la barbarie en les réinscrivant dans la pensée. Ces générations étaient humbles parce qu'elles avaient connu le pire. Le danger de notre temps est qu'il y a, en apparence, moins de raisons de douter. Notre époque est celle de faux héros, de quelques truqueurs qui assènent leurs vérités toutes faites. Placer ses certitudes à l'épreuve de son éthique est une discipline devenue rare. Le doute est un devoir. Il fait partie intégrante de la responsabilité politique et de la maturité de l'individu et du citoyen. Certainement qu'il revient aux responsables publics de rappeler à chacun l'extrême fragilité à laquelle nous sommes tous soumis.

Dépasser cette fragilité est au cœur de la politique et de la recherche du bien commun.

Chapitre 11

Devenir maire

En mars 2015, je suis élu maire de Labastide-Murat. C'est la commune de mon enfance. Je vais être amené à m'occuper de l'école dans laquelle j'ai appris à lire et à écrire mes premières phrases, à diriger des agents municipaux, dont certains se souviennent de m'avoir donné le goûter quand j'avais quatre ans.

Le mandat de maire est celui qui offre le pouvoir d'action le plus concret. Au plus près de la vie de nos concitoyens, on partage avec eux les pires moments comme les meilleurs. L'occasion d'une nouvelle étape politique, celle du terrain et de la parole suivie d'actes. Le mandat de maire est celui de l'école réelle de la République.

Lorsqu'on devient maire, le moindre geste prend de l'importance. Ce mandat est non seulement celui des réalisations, mais aussi celui de la représentation la plus directe de la République. En portant alors pour la toute première fois l'écharpe tricolore, j'ai vite mesuré la charge d'une représentation qu'il fallait respecter.

Une des plus grandes leçons que j'ai reçues dans ce domaine m'est venue d'un de mes administrés. Nous sommes un dimanche d'élections. Je préside le bureau de vote de Labastide-Murat. Il fait assez chaud. Le matin, en m'habillant, je renonce à porter une cravate. La chemise suffira. Arrive Jean. Cette figure locale, à la voix grave, porte ce dimanche une chemise à carreaux coincée dans le pantalon. Il est coiffé de sa casquette grise. Je connais bien Jean, il m'a aidé pour la campagne de 2008, puis pour les municipales de 2014. C'est un soutien local, un ami qui pourrait être mon grand-père.

Mais cet après-midi-là, Jean a revêtu une chemise bleue impeccable, parfaitement repassée, boutonnée jusqu'au col, et un large pantalon en velours. Il s'arrête à l'entrée du bureau de vote, salue mes adjoints d'une manière cérémonieuse et va voter. Quelques secondes après avoir glissé son bulletin dans l'urne, il vient me voir et me prend par le bras. Nous faisons quelques pas pour nous mettre à l'écart. Une fois à bonne distance, Jean me dit : « Monsieur le Maire, lorsqu'on tient un bureau de vote, on porte une cravate ! »

J'ai dû rougir en essuyant sa remarque. Il m'appelle toujours Aurélien. Sauf ce jour-là, où j'étais devenu « monsieur le Maire ». Non pas que la cravate me paraisse un élément indispensable de la tenue d'un maire. Mais en porter une, en cette occasion, c'est préserver une sorte de sacralité. Elle peut sembler anodine, mais elle ne l'est pas. Élu quelques années plus tard à l'Assemblée nationale, je ne pensais pas retrouver un débat sur la cravate et la tenue vestimentaire des députés. Bien sûr, il y a, comme on dit, «des choses plus graves», des «problèmes plus urgents à régler» et on aimerait parfois que le débat politique concentre ses forces sur autre chose qu'une question de cravate. Sauf que le sujet est moins négligeable qu'il n'y paraît. Ce dimanche de 2015, j'ai compris combien nos concitoyens sont attachés au rite républicain, gage de respect de la fonction. Mais plus encore, j'ai retenu ce jour-là que plus les électeurs que l'on représente sont modestes, plus nous devons les représenter dignement. Le vêtement que l'on porte est souvent une marque de respect pour soi-même mais surtout pour les autres. Les députés macronistes qui, les premiers, ont inauguré le port des baskets dans l'enceinte de l'Assemblée, puis les mélenchonistes dynamiteurs de nos institutions qui les ont suivis, ont abîmé plus que le bon goût. Ils ont abîmé la fonction politique et donc la politique elle-même. La fonction politique implique une discipline. Dans nos mots, dans nos actes, mais aussi dans nos tenues. Cela ne fait pas tout, loin de là. Mais cela compte aussi.

La fonction de premier magistrat forge des liens inattendus avec les administrés qui attendent un recours dans presque toutes les circonstances. En milieu rural particulièrement, chacun fait appel à lui en espérant une solution à tous les problèmes, y compris ceux qui ont trait à l'intimité familiale ou personnelle.

C'est une des particularités de cette fonction, la plus proche de la vérité des autres dans ce qu'elle a parfois de plus tragique.

Je connais bien Jeanne. Ami avec son fils depuis l'enfance, je ne compte pas les mercredis et les vacances que j'ai passés chez elle et son mari. C'était une famille assez différente de la mienne, chez qui j'étais bien. Je croyais bien les connaître et je les voyais heureux dans leur maison aux volets bleus. Un jour, Jeanne se présente à la mairie en demandant à me voir. C'est urgent. Elle est pressée, visiblement nerveuse. On lui indique à l'accueil que je ne peux pas la recevoir tout de suite. Mais Jeanne insiste : « Dites-lui que c'est Jeanne. Ça ne sera pas long. »

Je la reçois aussitôt, d'abord heureux de la revoir. Jeanne entre dans mon bureau et elle me paraît étrange. Je ne reconnais pas la femme souriante et joyeuse que je connaissais. Elle me regarde à peine, reste debout, plantée là sans dire un mot. Je pense qu'elle vient me voir au sujet d'un problème d'urbanisme pour lequel je savais qu'elle et son mari bataillaient. Je comprends vite que Jeanne vient pour tout autre chose.

« Assieds-toi, Jeanne, je t'en prie. Tu veux un café, un verre d'eau ?

— Rien », me répond-elle sèchement, les yeux rivés sur une étagère, juste derrière mon épaule.

Elle fait tout pour que nos regards ne se croisent pas et cette fuite me déstabilise beaucoup. Elle porte un foulard autour du cou, un détail qui me surprend car je ne l'ai jamais vue dans cette tenue auparavant. Ce foulard jaune semble ne pas lui appartenir.

Jeanne finit par s'asseoir. Le silence se prolonge. Je continue de la regarder, remarque qu'elle a les lèvres et les mains tremblantes.

« Monsieur le Maire, je viens vous voir... »

C'est la première fois que Jeanne me vouvoie. C'est aussi la première fois qu'elle m'appelle « monsieur le Maire ».

« Si je rentre à la maison, il me tue. »

Jeanne enlève alors son foulard comme elle aurait retiré un bandage. Elle le plie lentement puis le dépose sur ses genoux. Le regard baissé avant de le planter dans le mien, elle me fixe et je découvre alors les taches violacées qui entourent son cou. Je n'ai quasiment jamais entendu parler de violences conjugales. Ces violences-là, elles me sont étrangères. Jeanne sent bien que je suis perdu. En prenant son courage à deux mains, elle finit par m'expliquer que son mari la bat.

« Hier, c'est allé plus loin que d'habitude, ajoute-t-elle en sanglotant. Si je rentre, je suis sûre que cette fois, il va me tuer. »

Elle me dit immédiatement qu'elle ne souhaite pas prévenir les gendarmes, que son mari n'est naturellement pas au courant qu'elle est dans mon bureau à cet instant, et qu'elle ne veut surtout pas que ça se sache. Mais elle a besoin d'être protégée. Elle risque la mort et elle le sait.

« Je vous fais confiance, monsieur le Maire. »

Je comprends que mon devoir est d'agir sans plus tarder, de prendre la responsabilité d'appeler la police. C'est à moi, le maire, d'assurer sa protection tout de suite. Je conduis la mère d'un de mes amis d'enfance dans une salle de la mairie. Je lui demande d'attendre ici. Un logement municipal est libre. Elle pourra s'y mettre à l'abri. Avec une de mes adjointes, je l'y conduis et elle s'installe en vidant sa voiture des deux sacs qu'elle a eu le temps de préparer avant de fuir. Cette situation, des maires, des associations, la connaissent chaque jour.

Jeanne m'a fait prendre conscience à la fois de mon véritable rôle d'élu et d'une réalité que je n'avais jamais côtoyée d'aussi près. Ce jour fut un choc et une prise de conscience pour moi.

Ce jour-là est réservé aux propositions de loi venues du groupe les Républicains. Quelques mois auparavant, j'avais pu convaincre notre président, Christian Jacob, de consacrer l'essentiel de cette journée de «niche parlementaire» à un texte permettant d'avancer concrètement dans le combat contre les violences au sein de la famille. De longs mois de préparation du texte m'avaient permis d'auditionner tous les acteurs de cette lutte. Des victimes elles-mêmes, en passant par les responsables associatifs ou les magistrats chargés de prononcer les peines. L'écart entre les déclarations publiques sur le sujet et les carences que je constate sur le terrain m'apparaît alors encore plus abyssal que je ne le pensais. Le travail parlementaire est intense et passionnant. J'aboutis à un texte de loi portant plusieurs mesures fortes comme la généralisation du bracelet anti-rapprochement protégeant les femmes en danger de mort.

Notre proposition va au-delà, en permettant notamment la suspension de l'autorité parentale ou de protection du logement pour les victimes. La cause justifiant de dépasser nos clivages, nous prenons contact avec chacun des groupes politiques. Je multiplie les discussions en tête-à-tête avec les députés impliqués dans cette lutte. Rien n'est certain, mais j'ai bon espoir de réussir. Il semble que la mobilisation soit large et la volonté d'avancer largement partagée.

Le 10 octobre 2019, à 9 heures, la séance débute. Je suis le premier orateur à monter à la tribune. Comme souvent en début de débat, l'hémicycle est bruyant. Chacun s'installe et range ses affaires. La ministre de la Justice de l'époque, Nicole Belloubet, est à son banc, au premier rang.

Quelques minutes avant de prendre la parole, je décide finalement de ne pas prononcer le discours. Je fais le choix de compter. De 1 à 117. Froidement et lentement. 117 comme les 117 femmes assassinées cette année-là dans notre pays.

Enfant, je ne parvenais à me figurer l'importance d'un chiffre qu'en commençant à le compter dans ma tête. Comme pour mieux le matérialiser. Compter d'une à cent-dix-sept femmes était à mes yeux le meilleur moyen de faire comprendre l'ampleur du défi.

Au début, je perçois un trouble s'installer dans les travées. Chacun se demande ce qui me prend. Après le brouhaha, un long silence s'installe. Chacun pose son téléphone portable. La ministre sort la tête de son dossier et croise les bras. Son regard se fixe sur moi. C'est ma première émotion de parlementaire. Je sens à cet instant que les mesures que nous défendons ont une chance réelle d'aboutir.

Plusieurs heures de débat s'ouvrent alors. Jusqu'à la commission mixte paritaire qui réunira députés et sénateurs pour s'accorder sur une version finale de la loi, nous parvenons à arracher des mesures de protection importantes. Cette bataille parlementaire a été belle et solide.

Il m'a souvent été conseillé d'assouplir mes exigences sur cette proposition de loi. Je l'ai toujours refusé. L'intransigeance a payé et c'est elle qui nous a permis de parvenir à nos fins. Le texte est voté en première lecture le 10 octobre 2019 à l'unanimité de tous les bancs de l'Assemblée. La loi rentrera en application le 28 décembre de cette même année.

Quelques mois plus tard, alors que je conduis une mission d'évaluation de l'application de la loi, je me rends au tribunal judiciaire de Bobigny pour examiner la situation sur le terrain. J'y croise une avocate spécialiste du sujet. Nous nous étions rencontrés lors de la préparation du texte de loi, et j'avais alors senti son scepticisme quant à nos chances de réussir. À l'instant un juge vient de décider de la mise en place d'un bracelet pour protéger sa cliente. À l'intensité de ses mots, je comprends que la mesure va peut-être sauver la vie de cette femme.

C'est à Jeanne que je pensais lorsque j'énumérais les 117 femmes victimes. C'est aussi à elle que je pense lorsque cette avocate me remercie.

Il reste encore tant à faire. Chaque année les chiffres des féminicides sont effrayants. Le danger serait de nous y habituer, par fatalisme ou par lâcheté. Notre pays a encore des étapes essentielles à passer dans ce domaine. La première est la création d'une juridiction spécialisée entièrement dédiée à la lutte contre les violences intra familiales. L'Espagne en a donné l'exemple il y a de nombreuses années. Et les résultats sont là, bien plus marquants qu'en France.

Cette bataille-là nous l'avons nous aussi menée à l'Assemblée en décembre 2022, avec une nouvelle proposition de loi que je porte à nouveau au nom de mon groupe politique. La bataille fut rude et l'opposition du nouveau garde des Sceaux, Éric Dupont-Moretti, catégorique. Sa majorité présidentielle ne voulait pas de cette évolution. Le statu quo leur apparaissait plus acceptable. 102 femmes tuées en 2020. 112 en 2021. 118 en 2022. Ces chiffres étaient insuffisants pour les convaincre d'aller plus loin dans les outils de protection. Nous menons une sorte de guerre de tranchées durant les débats et, trois petites minutes avant minuit et la fin imposée de tous débats, nous réussissons à faire voter la création de cette juridiction spécialisée. Nous avons arraché la mesure de haute lutte et le ministre de la Justice a reçu, ce soir-là, une sérieuse leçon de démocratie parlementaire. Cette bataille, je ne l'abandonnerai jamais.

Chapitre 12

L'impossible victoire

En 2017, je repars en campagne pour les législatives. Cette élection a lieu dans un climat tendu, juste après la défaite de François Fillon et, surtout, juste après les « affaires ». Sur le marché de Cahors, il ne fait pas bon défendre sa candidature. Et pourtant, malgré les doutes et les crachats nous restons fidèles. La droite avait prôné la vertu et elle était déshonorée aux yeux des électeurs. Les temps furent violents pour le candidat à la présidentielle. Ils le furent aussi pour les candidats à la députation qui suivirent la déflagration de mai 2017. Chaque homme et chaque femme politique est faillible. Ce qui vaut dans la vie politique vaut aussi dans la vie tout court. Fauter n'est pas le plus grave. Mais pécher par ce que l'on prêche est une hypocrisie fatale.

Je mesure avec mon équipe de campagne le mur auquel nous sommes confrontés. Pendant plusieurs mois, comme en 2008, je fais du porte-à-porte dans les communes de la circonscription. Bien que l'on ne me confonde pas avec lui, j'ai du mal à me défaire de l'image de notre candidat. Quand les portes s'ouvrent, la réaction est brutale : « Ah non ! Pas la droite et les costumes ! Et puis quoi encore ? »

Dans cette élection législative, la seconde pour moi, tous les regards se tournent alors vers le candidat local d'En marche, dont on ne sait pas encore très bien de quel bois il est fait, mais qui a tous les soutiens locaux à ses côtés pour réussir. J'insiste, je passe à la porte suivante. Au fil des discussions avec les Lotois, je comprends qu'avec les années ils se sont fait une idée de moi plus précise que je ne l'imaginais. Ils m'ont vu échouer, prendre des coups, et tenir bon sans renier mon appartenance politique. J'ai le sentiment qu'ils respectent cela. Avec ma suppléante Brigitte et l'équipe de fidèles militants qui ne m'ont jamais quitté, je sillonne le Lot. Je visiterai près de vingt mille maisons une à une.

Nous menons une belle campagne, sans grand soutien des notables locaux, mais avec l'énergie de ceux qui y croient. Le premier tour arrive. Les résultats ne sont pas très bons. Et si la députée sortante radicale de gauche est éliminée sans appel, mon concurrent d'En marche fait près de 29 % et moi, environ 25 %. Je suis présent au second tour, mais mes chances sont minces puisqu'un front hétéroclite, réunissant les différents partis de l'opposition, se dresse pour m'empêcher d'être élu. Les socialistes de l'époque appellent à me battre. Le macronisme vaut mieux à leurs yeux. Quelques années plus tard, ils feront semblant de ne pas se rappeler de ce détail. Moi, je m'en souviens. Même le candidat du Rassemblement national, un ancien trader de chez Goldman Sachs reconverti dans la lutte contre la finance et la mondialisation, appelle à me faire échouer.

La semaine de l'entre-deux-tours me paraît fort longue. Les observateurs sont certains que c'est encore une fois perdu. À ce moment-là, je n'ai pas le loisir de douter, j'évite d'envisager la défaite et joue la carte de la conviction absolue. J'ai cependant bien conscience que rattraper le retard, surtout si tous les partis sont contre nous, est quasiment impossible.

Un vendredi, à Prayssac, un village de la vallée du Lot, je suis en train de tracter avec quelques militants lorsqu'un vieil homme au béret bien enfoncé sur le crâne se précipite sur moi.

« Vous, vous ! répète-t-il, le doigt tendu dans ma direction avant de le planter sur mon torse, dans un geste qui me paraît *a priori* plus menaçant qu'encourageant. J'ai toujours voté rouge, me lance-t-il, mais demain, je voterai pour vous ! Vous savez pourquoi ?

— Non…

— Parce qu'au moins, vous, je sais où vous habitez ».

Une façon de me dire que, même s'il ne partage pas mes idées, il sait au moins de quoi elles sont faites, ce qui n'est pas véritablement le cas de mon adversaire macroniste. Assumer ses convictions, même dans une terre de gauche, peut ne pas être un frein mais un atout. Pour la première fois, je me dis qu'il pourrait y avoir une surprise au second tour.

Les deux derniers jours me semblent interminables. Quand le dimanche arrive enfin, des informations contradictoires me parviennent tout au long de la journée. On me prévient que, dans certaines communes, on a compté dans les corbeilles davantage de bulletins de mon opposant que des miens – il paraît que c'est bon signe. En période électorale, le candidat perd peu à peu sa rationalité. Six mois avant, il croit aux réalités. Deux mois avant, aux sondages. Et deux jours avant, aux marabouts et aux corbeilles des isoloirs...Le soir, plus le temps passe, plus je reçois des messages de sympathisants ou de militants présents dans différentes communes de la circonscription où ils procèdent aux opérations de dépouillement.

«Les cent premiers bulletins te sont favorables, Aurélien!», m'annoncent-ils. Puis me parvient le SMS d'un ami qui se trouve, au même moment, dans le bureau de vote d'une commune réputée hostile, dont j'attends les résultats avec impatience, parce qu'ils constituent traditionnellement un bon indicateur pour la circonscription. «Tu fais 60%!» m'écrit-il. J'ai du mal à y croire et lui demande de me confirmer ces chiffres. «Non, excuse-moi, je me suis trompé», me répond-il avant de m'adresser, trente secondes plus tard, un nouveau message : «En fait, tu fais 62%!»

Il est 20 heures. Superstition oblige, comme lors de chaque élection, je rejoins Vaillac. Soudain le téléphone sonne, c'est la nouvelle préfète, avec laquelle mes relations sont froides. Elle me dit, d'une voix distante : «*A priori*, vous êtes élu.» Je lui réponds, tout aussi froidement : « Rappelez-moi quand vous en serez certaine », avant de raccrocher.

À ce moment-là, autour de moi, il me semble que les murs se sont mis à trembler. Et moi avec. La préfète me rappelle dix minutes plus tard : « Monsieur le député, je vous confirme que vous êtes élu. »

Au comble de l'émotion, je me souviens être allé marcher dans Vaillac. Le village est désert et je prie pour ne croiser personne. J'en profite pour appeler ma mère non loin de la fameuse cascade de mon enfance. Au téléphone, je lui dis simplement : « Maman, c'est bon, c'est fait. »

Croire que l'on peut séparer l'émotion politique de l'émotion personnelle est absurde. Il ne faut pas hésiter à le faire comprendre pour faire aimer la politique.

Direction la préfecture de Cahors. En cours de route, je m'arrête un instant pour passer plusieurs coups de fil. Le premier, à Frédéric Gervoson.

« Frédéric ? J'ai gagné... »

À l'autre bout du fil, c'est le silence total.

« Frédéric ? Vous m'entendez ?

— Oui, oui, me répond-il, je t'entends Aurélien... Attends deux secondes, je chiale. »

Le second, à Ange Sitbon, le responsable des cartes électorales, qui attend impatiemment de mes nouvelles au siège des Républicains.

« Ange, je suis élu ! »

À l'autre bout de fil, je l'entends exulter :

« Putain ! Pradié est élu ! Pradié est élu ! »

La soirée se poursuit dans l'euphorie. Une fois terminé le passage obligé par la préfecture, avec ma suppléante, Jean-Luc, Patrick et Sébastien, nous rejoignons notre QG de campagne. Sur la place Chapou, les amis sont réunis. Il y a des larmes et un bonheur partagé inoubliable.

Vers 22 heures, mon téléphone sonne. C'est Gérald Darmanin, alors ministre de l'Action et des Comptes publics. Il a obtenu un ministère au prix de sa fidélité politique : une banalité pour l'époque, mais une disqualification à mes yeux. Je connais Gérald, nous avons milité ensemble à l'UMP, et je ne suis pas surpris de son coup de fil, même si nous sommes devenus, depuis peu, des opposants politiques. Il m'appelle pour me féliciter et, avant que je ne raccroche, me dit : « Attends, attends ! Ne quitte pas, je vais te passer quelqu'un d'important… »

Il s'agit d'Édouard Philippe, alors Premier ministre. Je ne le connais pas, je ne l'ai jamais rencontré et ne lui ai jamais parlé. Il a soutenu la candidature de mon rival dans cette élection que je viens de gagner. Après m'avoir félicité, il ajoute, comme si de rien n'était : « Bon, faudrait qu'on se voie dans les jours qui viennent, ce serait vraiment bien, Aurélien. »

Je ne comprends pas le sens de cet appel et n'arrive pas à y voir autre chose qu'une démarche indécente. Si bien que je lui réponds exactement ce que je pense : « Sans vouloir vous manquer de respect, monsieur le Premier ministre, j'ignore pourquoi vous me félicitez. Appelez donc votre candidat. Il vient d'être battu et vous l'aviez soutenu. Je pense qu'il en a plus besoin que moi ce soir. »

Avant de raccrocher, Gérald prend la précaution de me dire : « Restons discrets sur cet appel. »

Pour moi, des félicitations secrètes ne sont pas vraiment des félicitations. Cet appel ne pouvait donc pas rester secret.

Quelques jours après ma victoire, un homme vient me voir dans une boutique pour me féliciter : « Vous savez, on vous a vu la semaine dernière taper aux carreaux des voitures à la sortie de l'usine MAEC, me dit-il en faisant allusion à l'emplacement que nous avions choisi pour distribuer des tracts dans une zone industrielle réputée pour son feu rouge qui bloque le trafic et immobilise les véhicules à l'heure de la sortie des ouvriers. L'endroit nous avait semblé stratégique pour faire la distribution de tracts de voiture en voiture. Ce jour-là avec Héloïse, Jean-Claude et Pierre, j'avais bravé la canicule et le bitume pour capter l'attention des automobilistes. Alors que nous étions en nage sur le bord de la route départementale, les automobilistes nous avaient pris pour des fous ou des laveurs de pare-brise.

« On a voté pour vous avec ma femme, parce qu'on s'est dit qu'un gars qui en voulait à ce point méritait d'être élu ! »

Pour lui, c'était une marque de détermination. Pour d'autres de la folie. Pour moi, c'était ce qu'il fallait faire dans une campagne : s'engager totalement.

Les électeurs et les citoyens nous observent plus qu'il n'y paraît parfois. Ils jugent autant la solidité de nos idées que celle de notre comportement. Les surprises viennent souvent de là et elles donnent aux parcours atypiques une chance de s'imposer.

2022 fut une campagne électorale différente. J'étais sortant et je n'étais plus un inconnu pour les électeurs. L'équipe de campagne est incroyable. Dans chaque commune de la circonscription, des équipes se mettent en place. À la première réunion d'équipe nous sommes trois cents. Des Lotois de tous horizons, de toutes générations, me soutiennent. L'accueil est enthousiaste, mais le doute ne disparaît jamais vraiment. Je n'ai pas oublié ce que Christian Jacob m'avait dit le premier jour de mon arrivée à l'Assemblée : « Être élu, c'est assez facile. Être réélu c'est une autre étape. »

La gauche locale et régionale a fait de moi sa cible. La présidente de région, Carole Delga, viendra presque chaque semaine dans le Lot pour y soutenir l'apparatchik qu'elle a choisi pour contrer celui qui dérange son confort électoral.

Nous jetons toutes nos forces dans la campagne. La 4L qui m'accompagne sur les routes lotoises tient le choc et devient notre mascotte. C'est une campagne heureuse. Une nouvelle équipe de fidèles se forme et Émilie, une enseignante devenue la première des militantes, pousse les équipes sur le terrain. Les macronistes m'avaient inscrit avec d'autres collègues LR sur leur «*kill list*». À force de recherches infructueuses, ils ne réussissent même pas à trouver un candidat. Finalement, ils placeront leurs espoirs dans celui du PS qui semblait bien plus compatible que moi. Socialistes et macronistes s'entendent dans l'ombre.

Au soir du premier tour, je suis largement en tête dans toutes les communes du département, à deux exceptions près. Puis je reçois la confirmation d'une confiance nette des Lotois : non seulement la participation est une des meilleures de France, mais je sors vainqueur de ce scrutin avec plus de 64 % des suffrages.

Cette élection a rendu indéfectible le lien qui m'unit aux Lotois. Surtout, elle m'a fait goûter un sentiment qui jusqu'ici ne m'était guère familier : un peu de sérénité et d'apaisement.

Dès le mardi qui suit, je reviens à Paris. Un nouveau comité stratégique se tient. Je suis épuisé et autour de la table se retrouvent Christian Jacob, encore président du parti, des visages élus puis d'autres, battus. Les battus sont les plus bavards. Comme souvent. Le spectacle est lunaire.

À la sortie, je vois Christian Jacob en tête à tête. Il me confirme qu'il va quitter la direction des LR. C'est un homme qui tient parole.

Une succession s'annonce et la campagne interne qui va avec.

Très vite, je décide d'être candidat. Je garde le secret quelque temps, au risque d'irriter ceux qui voudraient que je me dévoile plus tôt.

J'ai l'impression que tout cela s'est passé en quelques heures à peine. C'est aussi la magie de la vie politique. Une vie accélérée. Cette élection pour la présidence des Républicains marqua une étape pour moi. Un moment d'équipe durant lequel des parlementaires, des élus locaux, des militants, se sont engagés à mes côtés.

Le jour où je décide de me lancer dans l'aventure, nous sommes quelques-uns à prendre la décision en commun. Durant toute la campagne, mes collègues me suivent, de réunions en réunions. Pour certains d'entre eux nous nous connaissons assez peu en réalité. Pour d'autres, nous sommes déjà des amis. Pour tous, de Ian Boucard, Raphaël Schellenberger, Pierre-Henri Dumont à Julien Dive, Isabelle Périgault, Maxime Minot ou encore Justine Gruet et de nombreux autres, nous sommes devenus plus que des compagnons de route. Nos personnalités sont toutes singulières, mais nous avons trouvé un goût qui manque à tant d'autres : celui d'agir. Mon équipe de collaborateurs elle aussi s'est installée dans le temps de manière durable et pleine d'espoir. Celles et ceux qui m'entourent n'ont pas changé depuis le début. Le lien qui nous unit, cette fidélité m'est précieuse. Venus me soutenir, des intellectuels, chefs d'entreprises et personnages publics, en l'espace de quelques semaines, m'ont fait éprouver la responsabilité d'incarner un espoir collectif.

Chacun des sujets que j'ai voulu porter au sein du parti émerge aujourd'hui dans le débat public.

La question environnementale si stratégique de l'eau, la cause délaissée de l'enfance, déjà l'exigence de justice pour les carrières longues, la lutte contre la criminalité organisée du trafic de drogue, la dignité et l'impératif de laïcité à l'école.

Je ne suis pas devenu président des Républicains, mais j'ai franchi une étape. J'ai pu jauger la fiabilité de la parole des uns et celle des autres et surtout consolider ma liberté de parole et d'action.

Chapitre 13

Drôle de nouveau monde

C'est la première fois que j'entre à l'Assemblée nationale. À plusieurs reprises, des responsables du parti m'ont proposé d'y venir. J'ai refusé, restant sur le seuil, devant les hautes marches du palais Bourbon. Par superstition, je préférais me tenir à distance. Je considérais l'Assemblée comme une sorte de temple sacré, auquel on ne peut accéder sans être initié, tout du moins légitime, pour le faire.

Chaque député se souvient de ses premiers pas à l'Assemblée. Devant les portes, le cérémonial commence. Les huissiers, avec leur costume noir, nœud papillon, gants blancs et lourdes chaînes sur la poitrine, sont là pour accueillir les nouveaux arrivants. D'une cordialité empreinte de sérieux, ils jaugent, scrutent chacun d'entre eux. L'un d'eux me guide à travers les couloirs du palais Bourbon.

À la façon dont les députés se comportent ce jour-là, vous devinez à peu près leur pedigree. Certains ont l'air très détachés, ils avancent vaillamment dans le couloir, devancent même l'huissier chargé de les accompagner, tapent sur certaines épaules, serrent des mains. Satisfaits de montrer à leurs collègues qu'ils sont déjà familiers des lieux.

Comment décrire mes sentiments lors de mon arrivée à l'Assemblée ? L'excitation bien sûr, l'émotion et le sentiment de ne pas y pénétrer seul. Je prenais ma place dans cette maison avec à l'esprit chacun des visages des amis qui m'avaient permis de réussir. J'emmenais avec moi les Lotois.

L'installation traditionnelle des députés s'étire tout au long de la journée et n'a rien de trépidant. Tous les élus se retrouvent, assis par ordre alphabétique, sur les bancs. Pour meubler cette attente interminable, je commence par observer chaque détail de cette salle, couverte de fresques qui, chacune, racontent une partie de notre Histoire. Puis, je croise le regard des autres députés. Ceux d'en face, ceux d'à côté, ceux d'en bas. À quoi peuvent-ils bien penser ? Sont-ils dans le même état d'impatience que moi ? J'en vois qui trépignent, qui ont les yeux brillants. Certains ont la mine plus distante, d'autres paraissent heureux de retrouver d'anciens collègues. Le temps s'écoule et je finis par me tourner, enthousiaste, vers mon voisin, un député En marche – dont j'ignore l'appartenance politique au moment où je lui parle.

« Tu ne trouves pas tout cela impressionnant ? Quelle chance nous avons ! » lui dis-je, un peu euphorique.

L'homme est soigneusement peigné, il porte une petite barbe brune, bien entretenue, et des lunettes noires. Son regard exprime une assurance qui me marque beaucoup durant cette journée.

« Ce qui est le plus impressionnant, pour moi, c'est de revenir en France après dix ans d'absence », me répond-il.

Surpris, je tente de comprendre.

Il me raconte qu'il a passé dix ans aux États-Unis à travailler dans un cabinet de conseil. Comme il le souligne lui-même, il a fait « beaucoup de fric » là-bas, avant de revenir dans l'hexagone et de tenter de s'y faire élire.

« Je ne m'y attendais vraiment pas, mais c'est une bonne surprise ! » m'avoue-t-il.

Il me fait l'effet d'un étrange spécimen.

Assez vite je perçois qu'il n'y a pas la moindre trace de second degré dans ses phrases. En ce qui me concerne, je n'étais pas certain d'avoir le profil type du député et plus encore à cet instant, je me demande si je n'ai pas pris un peu de retard sur l'époque.

« Non, vraiment, je t'assure, sans faire de mauvais esprit, ce qui me fait le plus drôle, c'est d'être en France ! D'ailleurs, ça s'est joué à peu de choses… J'ai pas mal hésité avant d'accepter ce job.

— Ce job ?

— Enfin, tu as vu les salaires ? Franchement, on n'a pas idée d'à quel point ils sont éloignés de ceux des États-Unis. En venant ici, je divise mon salaire, devine par combien ? »

Il fait mine de compter.

« Par trois ! Au moins par trois ! Si ça ne s'appelle pas un sacrifice. »

Ce marcheur est le visage d'une nouvelle génération politique d'intérimaires. Un nouveau monde qui ne s'encombre ni des détails de l'engagement, ni de la pudeur qui s'y rattache. Pour lui, l'Assemblée n'est qu'un lieu de passage, qu'il fera fructifier plus tard.

« Je perds un peu d'argent, mais je sais qu'après cela, je ferai ce que je veux ! Alors bon, c'est un investissement. »

Le détachement peut sembler un atout. Ce nouveau monde a prospéré en 2017 et a convaincu par sa promesse de rompre avec l'époque des élus au long cours. Les Français avaient besoin de respirer, de prendre l'air. L'illusion a duré quelques mois, jusqu'à ce qu'on vérifie que la mission de député ne peut pas se résumer à une expérience enrichissante sur son CV.

« Pas top cette photo… On la reprend de profil ? Penche-toi un peu plus… »

Vous n'imaginez pas combien de fois on entend ce genre de phrases dans les couloirs de l'Assemblée. Une des transformations majeures de notre vie politique, c'est l'irruption de la communication. Bien que cette dernière ne soit pas une affaire récente, une nouvelle forme de communication s'est imposée au milieu des années 2000. Sans but et sans objet. Elle n'est plus un moyen mais une fin en soi.

Quelques semaines après mon arrivée à l'Assemblée, plusieurs formations sont proposées. J'en prends connaissance en me disant que toutes me seraient sûrement utiles et qu'il me faudrait bien cinq ans pour maîtriser la machinerie parlementaire. L'une de ces formations est un entraînement aux médias. Jeune militant UMP, j'avais échappé à l'une d'entre elles. C'étaient les débuts des réseaux sociaux, et déjà on s'intéressait aux moyens de toucher un nouvel électorat, plus jeune. J'avais répondu que je savais faire. Personne n'avait insisté. Après tout, c'était moi le plus jeune à l'époque.

Cette fois, je n'ai pas le choix.

« C'est indispensable », me précise-t-on.

Le cours se déroule un mardi matin, j'y vais en traînant les pieds. La séance commence. Nous sommes cinq députés assis en demi-cercle autour de notre coach, une jeune femme grande et brune, très souriante, qui fait tous les efforts du monde pour paraître le plus dynamique possible. Elle commence par nous expliquer les bases de la communication avec les journalistes, les citoyens, sur les réseaux. Les *to do* et *not to do*. Une jungle de flèches et de cercles à l'écran.

Je sens bien qu'elle a passé beaucoup de temps à préparer cette présentation qu'elle projette fièrement. Moi qui ai fait ranger dans une armoire l'ordinateur de mon bureau à mon arrivée à l'Assemblée, je suis presque admiratif de sa production PowerPoint. Notre guide nous explique quel usage faire d'Instagram. Mes collègues ont l'air bien plus concentrés que moi. Je les regarde, essaie de faire comme eux. « Occuper l'espace médiatique», nous dit-elle. L'occuper seulement. Pas remplir le débat public.

Vient le moment des travaux pratiques. Cette femme énergique demande à l'un de mes collègues de se lever et de prononcer une phrase écrite à l'écran en mimant la joie, puis la surprise, la colère, l'agacement et enfin la fatigue. Il se lève, s'exécute et répète, debout, une même phrase en mimant donc la joie, la surprise, la colère, etc. Cette phrase n'avait aucun sens, c'était la comédie qui importait.

L'exercice enfin terminé, le collègue est applaudi. Il croit pouvoir se rasseoir, mais son supplice ne fait que commencer. On lui demande maintenant de faire la même chose assis sur une chaise. Et ce collègue, que je commence à prendre en compassion, obéit, non sans une légère hésitation. Nouveaux applaudissements. Il cherche à regagner sa place, mais la coach le retient une nouvelle fois.

«Ce n'est pas fini! Un petit instant!»

Il rigole nerveusement, et moi je n'ai pas exactement envie de rire. La scène est absurde, gênante, contraire à l'idée que chacun peut se faire de la politique.

Cette fois, la coach lui demande de faire la même chose, mais à genoux sur une chaise. J'imagine déjà les prochaines exigences : faire le poirier, le grand écart ou un salto. Après avoir effectué cette dernière cascade, notre collègue, les joues rouges et la mine un peu désolée, est enfin libéré.

« À votre tour ! » dit la coach, en me regardant avec le même sourire trop expressif pour être sincère.

Pour moi, c'est impossible. Je ne suis pas assez souple pour ce genre de contorsions.

« Merci beaucoup, Madame, mais je m'en vais. »

Elle est surprise. Son visage se crispe, avant de retrouver un sourire fatigué et fatigant.

« Rentre dans le jeu, ça fait du bien ! » me dit le député qui s'est docilement plié aux instructions.

La dame intervient. Nous sommes maintenant tous debout.

« Ce n'est pas correct par rapport à vos collègues, pensez donc à eux ! Pensez au collectif, monsieur Pradié ! »

Je crois leur avoir dit en quittant la salle de spectacle qu'ils m'avaient assez « emmerdé ». J'ai regretté ces mots, mais pas mon départ.

Le lendemain dans les couloirs de l'Assemblée je croise justement deux des parlementaires présents à la séance de la veille. Je vais vers eux pour m'excuser quand l'un d'eux me lance, l'œil complice : « C'était pénible hier… T'as eu raison, nous sommes tous partis après toi ! »

Le danger, à terme, c'est la perte de crédibilité, soit le contraire de l'effet recherché. Le risque est que les citoyens ne puissent plus faire la différence entre posture et authenticité. Je crois qu'il faut aller dans l'autre sens, en finir avec cette obsession du contrôle et de la mise en scène de soi. Personne n'est dupe.

Toute notre génération politique, perfusée aux codes de la communication, a justement besoin d'apprendre à décommuniquer. À savoir s'en passer.

La parole publique exige de plus en plus de contrôle. Les acteurs du pouvoir veulent tout maîtriser et les citoyens semblent ne plus leur pardonner le moindre écart. À force d'aseptiser l'expression politique, on a fait émerger une nouvelle langue qui assure de ne prendre aucun risque. Combien de fois ai-je entendu le nouveau monde nous inonder de mots vidés de leur sens ? Trop souvent.

Une génération a été biberonnée au lait de la communication. Certains sentent leur existence faiblir s'ils ne réagissent pas dix fois par jour sur les réseaux sociaux.

Au moment de la réforme des retraites, certains journalistes ont affirmé que j'étais un bon communicant, que j'avais tiré mon « épingle du jeu » – simplement parce que ma communication était un peu différente de celle des autres, moins professionnelle et donc plus vraie. J'ignore si ma manière de faire est la bonne. J'essaie simplement de réhabiliter le sens d'une parole dont les mots comptent, parce qu'ils disent quelque chose, parce qu'ils ont quelque chose à dire. Encore faut-il avoir quelque chose à raconter.

L'entrée à l'Assemblée, c'est aussi la naissance d'amitiés durables. À ma place dans l'hémicycle, je siège tout près de collègues comme Jean-François Parigi, Jean-Jacques Ferrara, Antoine Savignat et

Ian Boucard. Notre placement dans l'Assemblée relève du hasard. Pas notre amitié. Ce vendredi 12 février 2021, ils étaient avec moi dans le Lot, le jour des obsèques de mon père.

Aucune aventure n'est vraiment possible sans ces amitiés de la première heure.

Chapitre 14

Les Cavaliers

Peu après mon élection, j'ai tout mis en œuvre pour devenir président du groupe d'amitié France-Afghanistan au sein de mon groupe politique. Une telle insistance a provoqué de l'étonnement. En fait, ce pays me fascine depuis toujours par la richesse et l'éclat de sa civilisation, et ce terrible paradoxe qui a voulu que ce berceau de l'humanité devienne celui de la barbarie talibane. Le temps passant, l'image qui reste de l'Afghanistan est aujourd'hui celle la plus sombre qui soit. Pourtant cette terre fut celle de livres et d'épopées mémorables.

C'est sur les chemins de l'Afghanistan qu'une autre grande figure de mon adolescence a resurgi. Un auteur que j'avais un peu perdu de vue. Je suis à la bibliothèque de l'Assemblée et discute de ce pays avec un de ses responsables, lorsqu'un de ses collègues se mêle à notre conversation.

« Vous avez lu Kessel ? » me demande-t-il.

Kessel. Ce nom est inscrit dans les souvenirs de mes lectures d'adolescence. J'ai admiré très tôt ce héros moderne à la fureur de vivre inépuisable. Son œuvre est peuplée de personnages hors du commun, parfois sombres, souvent blessés, finalement lumineux, des aventuriers de l'existence, comme l'auteur lui-même, modèle de liberté jusqu'à l'excès. Lorsque la Première Guerre mondiale débute, Joseph Kessel est engagé volontaire comme aviateur sous le drapeau français sans en avoir la nationalité. Il risque sa vie pour la France. Il deviendra français en 1922.

Ce n'était pas un héros au sens convenu du terme, mais un homme qui portait en lui toutes les contradictions de la vie. Adolescent, j'avais compris avec lui ce qu'était le panache.

« Oui, j'ai lu Kessel. »

Il fallait que je relise *Les Cavaliers*. C'était une évidence. Ma fascination pour l'Afghanistan et son peuple ne venaient pas de Kessel. Mais il est probable, presque certain que *Les Cavaliers* y avaient contribué.

Alors j'ai relu Kessel et *Les Cavaliers*. Une fresque puissante, étourdissante, qui plonge ses lecteurs au cœur du véritable Afghanistan. Vastes plaines, montagnes majestueuses : les descriptions sont splendides et les sensations, fortes. Ce roman illustre les traditions millénaires de ce pays, de ses tribus, de leur code d'honneur et des rituels ancestraux qui ont scellé l'histoire d'une communauté singulière. Avec sa part plus sombre, celle d'une violence omniprésente, de conflits qui ont déchiré cette nation à force de rivalités, sur fond de guerres tribales et religieuses.

Il y a les hommes d'Afghanistan, et il y a aussi les femmes, celles qui ont façonné, au-delà des apparences, les valeurs universelles de ce peuple. Aujourd'hui, ce sont elles qui mènent et portent la plus grande résistance aux talibans. Elles sont devenues les cavalières qui font persister une lumière dans les ténèbres.

Élu président du groupe d'amitié franco-afghane, j'assisterai, quelques années plus tard, à l'effondrement du pays, jusqu'au cataclysme tragique qui verra le retour des talibans au pouvoir et la prise de Kaboul le 15 août 2021. L'Occident dans son ensemble s'est montré impuissant en Afghanistan. Peut-être même faible et désormais conciliant avec les talibans. Comme s'ils avaient changé. Les yeux du monde ne sont plus tournés vers cette terre et son peuple. Pourtant ce qui s'y joue ne tardera pas à nous concerner directement. Laisser la pire expression de l'islamisme prendre ses marques territoriales, politiques et culturelles où que ce soit dans le monde, c'est reculer et laisser prospérer un ennemi majeur.

Pendant que j'écris ces lignes, le pays se referme encore un peu plus sur lui-même et l'emprise des fanatiques qui le dirigent s'exerce au détriment des femmes, privées de tout, réduites à rien. Juste à l'enfermement.

La lecture des *Cavaliers* a beaucoup compté pour moi comme pour tous ceux qui l'auront lu. Un autre ouvrage, découvert dans une vieille librairie de Cahors, changera lui aussi, sur un autre plan, ma vision des choses. J'ai vingt ans à peine et je découvre *L'Illiade ou le Poème de la force* de la philosophe Simone Weil. Simone Weil, dans sa grande et sage relecture de l'œuvre d'Homère – livre de chevet de mon adolescence –, invite à se détourner de toute glorification de la force. Elle embrasse une voie de dignité, plus difficile : celle de la compassion et de la justice. Ce petit ouvrage ne quitte pas mon cartable, aujourd'hui encore. Il y a chez Simone Weil, une exigence morale qui souvent ressemble à une torture intérieure. Mais son purisme est un antidote à la facilité du pragmatisme, qui face aux réalités, nous pousse parfois à sacrifier nos idéaux à nos ambitions.

Dans ma permanence, à Cahors, défilent des citoyens, de droite, de gauche, venus parfois d'assez loin dans le département pour me voir. Ils sont encore plus nombreux depuis que mes combats connaissent un écho médiatique. Chaque semaine, c'est une journée entière qui est consacrée à ces rendez-vous. Et pour être franc, c'est sûrement la journée la plus exigeante et intense de la semaine. Voilà près de six ans que je m'y tiens. La plupart des gens viennent avant tout pour être écoutés, échanger et se confier.

De manière générale, la précarité des êtres humains m'intéresse plus que leur force. J'ai vu mon père fort, invincible pour mes yeux d'enfant, avant de s'affaisser d'un coup. Avec le temps, j'ai cessé de considérer la force comme une preuve de courage. Ce qui m'intéresse aujourd'hui plus que jamais, c'est l'attention aux plus fragiles.

Notre époque ne sait plus appréhender la fragilité. Elle est souvent évacuée au profit d'une performance devenue un culte moderne. Pourtant je continue à penser que ce qui est petit est aussi ce qui est important. Une société de l'attention n'est pas qu'un concept. En s'engageant dans le combat sur le handicap ou contre les violences familiales, la politique retrouve son sens universel : protéger et faire grandir.

Chapitre 15

Regards présidentiels

Certains regards semblent ne regarder qu'eux-mêmes. Ce 11 avril 2019, j'assiste à la messe du quarante-cinquième anniversaire de la mort de Georges Pompidou, à l'invitation de son fils Alain auquel, comme je l'ai dit, je me suis lié d'amitié. Lors d'un dîner avec lui et son épouse deux jours auparavant, Alain Pompidou a beaucoup insisté pour que je sois présent le surlendemain en l'église Saint-Louis-en-l'Île où l'office est célébré chaque année traditionnellement.

À 10 h 30, j'arrive à moto sur les lieux où les voitures officielles sont déjà nombreuses. Les policiers filtrent les passages. L'événement semble revêtir une importance plus forte encore que celle que j'avais imaginée. De hauts échafaudages encadrent la porte d'entrée. Le temps est froid et gris, et l'église, sombre et dépouillée, que les Pompidou fréquentaient, me semble d'une pesante tristesse. Alain vient à ma rencontre, écharpe bleu clair nouée autour du cou, ses yeux du même bleu. Il me paraît un peu plus affairé que d'habitude. Et pour cause, Emmanuel Macron et son épouse sont attendus. Je l'ignorais et comprends alors pourquoi cet office agite à ce point tout le quartier.

Je m'assieds sur un banc à droite de l'allée centrale, le moins en avant possible, endroit idéal pour mieux observer le bal qui s'annonce. Alain vient aussitôt me chercher pour me demander de changer de rangée : « À gauche, avec la famille », me dit-il. Juste derrière lui et sa femme. De quoi attiser la curiosité un peu soupçonneuse de ceux qui s'estiment plus légitimes pour occuper ma place et se demandent qui est cet anonyme qui vient dénoter dans ce décor où beaucoup sont présents pour être vus.

Devant moi, trois places sont réservées. L'une pour le couple présidentiel et l'autre pour un ancien chef de l'État encore de ce monde à cette époque : Valéry Giscard d'Estaing. Ce dernier arrive. Grand et droit, il s'avance lentement vers son siège. À peine installé, il se retourne pour serrer la main du voisinage. Mon voisin, ma voisine, un monsieur en imperméable beige, puis moi. « D'où êtes-vous ? me demande-t-il.
— Du Lot, monsieur le Président. Je suis le député de Cahors.

— Le Lot ! s'exclame-t-il. Moi, je suis de la terre des volcans ! Vous n'avez pas de volcans dans le Lot, ajoute-t-il curieusement.

— En effet, lui donné-je raison, dans le Lot, nous manquons de volcans. » Giscard me sourit, puis se retourne. Quelques secondes plus tard, il revient vers moi et m'interroge : — Que faites-vous dans le Lot, jeune homme ? — J'en suis le député, monsieur le Président, lui redis-je.

— Vous êtes jeune ! Vous savez, je l'étais aussi à mes débuts », commente-t-il avec une sorte de nostalgie.

Tout à coup, un silence gagne les rangs. Le président de la République fait son entrée, son épouse au bras. Emmanuel Macron remonte l'allée centrale avec un mélange de solennité et de lenteur appuyée. Cette façon de marcher, les Français l'ont souvent observée chez lui sans savoir s'il s'agit d'une attitude de gravité ou d'une simple mise en scène, comme dans la cour du Louvre le jour de son élection, où l'on était entre grandeur et comédie. Ce matin, bien qu'impressionné par la force que représente la fonction présidentielle, je m'interroge encore une fois.

Le président rejoint sa place au premier rang, Brigitte Macron à sa droite et Alain Pompidou à sa gauche. Il salue respectueusement son lointain prédécesseur. Je me demande en cet instant à quoi peuvent penser ces deux hommes qui ont en commun d'avoir partagé la fonction suprême. Deux époques se saluent. Deux cultures politiques. Deux mondes si proches, et pourtant si éloignés. La messe est très belle, accompagnée par l'émouvante et austère beauté des chants grégoriens.

Il y a donc trois présidents de la République près de nous durant cette matinée. Deux en vie, le troisième disparu. Peut-être le plus âgé des présents observe-t-il cette cérémonie avec l'intérêt de celui qui anticipe ce que seront les messes anniversaires de sa propre mort. Et peut-être se dit-il, au fond de lui, qu'après avoir concentré sur lui l'attention de tout un pays, il ne restera plus, comme ici, qu'une centaine de participants pour honorer sa mémoire. Valéry Giscard d'Estaing est peut-être triste à cet instant en pensant à la vanité des choses, mais il n'en montre rien. Malgré son âge avancé, il promène son regard sur l'assistance et se tient droit en veillant à fermer le bouton de sa veste qui fut présidentielle.

Son jeune successeur, tout près de lui, semble plus habité par l'intensité du moment. Il sait sûrement qu'il porte à travers sa personne l'âme et l'histoire d'une République qui traverse les temps. Les hommes disparaissent, mais la République demeure. Emmanuel Macron doit certainement penser à la grandeur de sa fonction. Mais il est possible que lui aussi, jetant un coup d'œil sur l'assemblée, s'y projette dans les décennies à venir et songe déjà à la trace qu'il laissera dans l'histoire. Sans en douter probablement, tant l'humilité d'un Georges Pompidou lui est étrangère.

L'office touche à sa fin et chacun plie soigneusement le livret en papier blanc qui nous a été remis à l'entrée. Le président de la République salue ses voisins et certains participants se pressent déjà vers lui pour l'assurer de leur dévotion, regroupés dans une petite file devant l'autel. Quant à moi, je cherche surtout à m'échapper. Le président tourne sur lui-même pour serrer les mains, tandis que, rebuté par cet étalage de mondanités, je n'ai aucune envie de me prêter à ce jeu. Je préfère filer sans me faire remarquer.

Si Emmanuel Macron m'avait tendu la main, je l'aurais évidemment salué, d'abord par respect pour la fonction. En avais-je envie? Non. Le mieux était de quitter les lieux à temps. Après avoir dit au revoir à Alain Pompidou et à son épouse, je file par la contre-allée de l'église. Je me trouve près de la porte. Emmanuel Macron aussi. Nous sommes face à face. Ma fuite n'a pas été assez rapide. Alain Pompidou me présente brièvement. « C'est le député du Lot! Mon père adorait le Lot! » dit-il au chef de l'État.

Le président me tend la main. Je lui tends la mienne. On n'imagine pas combien une simple poignée de main peut tout dire. En politique, elle peut suffire à permettre de déceler un caractère, une marque de sympathie ou d'animosité. Celle-ci ne ressemble à aucune autre. Vide de toute expression et pire que cela : envahissante. Le chef de l'État semble chercher à s'emparer de vous lorsqu'il vous serre la main, comme pour imposer une complicité qui n'a pourtant aucune raison d'être. Surtout que ce geste appuyé s'accompagne d'un regard. Le regard de celui qui ne vous regarde pas. Le regard perçant de celui qui recherche un miroir. Le regard de cire est le plus redoutable de tous. Il parvient à vous troubler alors même qu'il ne s'intéresse pas à vous.

Chirac serrait des mains avec excès, au point que l'exercice chez lui pouvait paraître mécanique.

Mais dans chacune de ses poignées de main il n'y avait pas trace d'amour-propre, encore moins de condescendance ou sentiment de supériorité.

Ce fut mon premier contact direct et en quelque sorte personnel avec Emmanuel Macron. Je ne sais pas dire si mon jugement sur l'instant fut juste ou excessif. Mais je sais simplement que, dans cette main serrée, j'ai retrouvé ensuite, des années durant, l'histoire de la relation que ce président entretient avec les Français. Faite de ce mélange de distance et d'arrogance. Une scène vaut parfois mieux que toute dissertation politique.

Quelques mois auparavant, le 19 janvier 2019, Emmanuel Macron avait inauguré ses Grands Débats, réponse divertissante à la crise des Gilets jaunes qui avait saisi le pays. C'est à Souillac, dans le Lot, qu'il débute sa tournée. Six cents élus d'Occitanie, triés sur le volet, ont été conviés. Les parlementaires ne sont pas chaleureusement invités, mais comme il n'est pas possible de faire sans eux, nous recevons tout de même une invitation de dernière minute. J'arrive donc à Souillac assez impatient de comprendre ce que sera ce rendez-vous. La petite ville est bouclée autour de son abbatiale Sainte-Marie. Souillac est une cité calme, parfois endormie. Un petit joyau le long de la Dordogne. Ce jour-là, la traversée du pont pour entrer dans la ville est une épreuve. Les gendarmes lotois connaissent leurs élus et, malgré la cocarde posée sur la voiture, l'ordre leur a été donné de vérifier les papiers d'identité de chacun. Ils sont aussi gênés de me les demander que je suis agacé de devoir les présenter. Je m'exécute sans faire d'histoire. Plus j'approche de la salle des congrès, plus la ville semble vide. Des barrières partout et des CRS en masse. Le spectacle est troublant. Manifestement, le président de la République n'a pas l'intention de prendre le risque d'un contact direct avec les Français. Ce contact était, ce jour-là, très sécurisé.

Il faut dire que la journée a été minutieusement préparée par un ministre chargé de passer la pommade présidentielle. Sébastien Lecornu a beaucoup fait chauffer son téléphone. Plusieurs jours auparavant, il a lui-même veillé à valider la liste des élus qui seraient autorisés à interroger Emmanuel Macron durant la réunion et s'est chargé de les appeler un à un. Je ne sais combien de solutions à leurs problèmes il a promis aux uns et aux autres, mais les promesses de rallonge de subvention, d'enseignants supplémentaires dans les écoles, d'écoute attentive sur tel dossier d'urbanisme bloqué ont dû donner par la suite beaucoup de travail aux préfets. Une façon méprisante d'infantiliser les élus concernés.

L'avant-veille du débat, Sébastien Lecornu m'appelle. Nous nous connaissons de l'époque où nous militions ensemble à l'UMP, nous croisant alors dans les pas de Bruno Le Maire. À vingt-cinq ans, il avait déjà le regard rusé. Ce type de regard qui annonce une réussite à venir, mais qui ne garantit jamais la fiabilité. Notre échange est chaleureux. Je lui dis que j'ai l'intention d'interpeler le président.

Sa réponse est claire : les parlementaires n'auront pas la parole. Je suis prié d'assister au spectacle en silence. J'insiste et lui confirme que j'interviendrai, quitte à devoir m'imposer. La discussion se termine par quelques mots sur les dossiers locaux qui me préoccupent et auxquels le ministre feint d'accorder un grand intérêt. Sur le thème : « Je t'aide pour ton dossier et tu es prié de te taire lors de la visite présidentielle. » Le message est très clair, le mien aussi. Fin de la discussion.

La veille de la venue présidentielle, Lecornu, négociant en petites faveurs, me rappelle. Il a, cette fois, une proposition à me faire dont il me dit qu'il a dû l'arracher avec force au chef de l'État. Je pourrais obtenir, avant le Grand Débat, une audience d'Emmanuel Macron. Un tête-à-tête de quinze minutes. Un privilège, me fait-il comprendre. Évidemment conditionné à un impératif : mon silence lors du Grand Débat. J'écoute, remercie et décline cette offre. Deux textos suivront de la part du ministre pour s'assurer de la fermeté de ma décision, tant elle doit lui paraître inconsciente. Les négociations ne sont pas toutes aussi simples. Je l'ai appris à cette occasion. Sébastien Lecornu également.

La salle des congrès de Souillac est pleine à craquer. Le président entre dans une sorte d'arène. Nous sommes assis en cercle autour de lui. Le maire de la ville ne cache pas sa fierté. Il faut dire qu'il est adhérent à La République en marche, un des très rares du Lot. Il fallait bien le récompenser. Deux ou trois parlementaires, dont moi, ne quittons pas notre écharpe tricolore. Un symbole qui a son utilité pour rappeler au président de la République que la représentation de la nation appartient au peuple et non à lui seul.

Le débat s'engage. Il va durer près de sept heures. Et sept heures, c'est très long. Certains y verront une performance. J'y ai surtout vu une preuve de mépris et un manque de respect. Comme une mise en scène écrasante visant à dominer le public. Qui peut accepter docilement de rester sept heures assis sur une chaise à subir d'interminables commentaires présidentiels ? Tout est fait pour impressionner et endormir l'auditoire, saisi par la maîtrise des sujets parfois ultra-locaux et ultra-techniques sur lesquels Emmanuel Macron s'exprime toujours avec minutie.

Je suis assis au second rang, près de l'espace sur lequel le président va et vient comme sur une scène de théâtre. Deux bonnes heures se sont déjà écoulées quand, tout à coup, le président qui répondait à un élu s'interrompt. Quelques secondes de silence. Dans le public nous l'entendons dire : « Attendez. Il faut que je... » Subitement l'attention de l'assistance est ravivée. Il semble qu'un événement capital soit en train de se jouer sous nos yeux. Emmanuel Macron fait mine d'avoir chaud. Il pose son micro. Reste bien au milieu de l'espace qui le met en majesté. Il enlève alors la veste de son costume. La jette sur le dossier de sa chaise. Revient au milieu de la scène et, dans un geste lent comme un ralenti de série B, retrousse les manches de sa chemise, une à une. Dans la salle, la température n'a pas varié d'un degré. Il ne fait ni plus chaud ni plus froid qu'auparavant. Mais la séquence a été conçue pour ménager un suspense utile au divertissement.

Et cela fonctionne. Dans la salle, un bruit de fond se fait entendre. Chacun réveille son voisin pour qu'il assiste lui aussi à la scène. Ce serait terrible de manquer le clou du spectacle. Des applaudissements commencent à retentir ici et là.

Le divertissement est un poison pour le débat démocratique. Nous y sommes tous potentiellement sensibles. Moi le premier. Les plus coupables ne sont pas ceux qui y cèdent comme spectateurs, mais ceux qui en jouent comme acteurs. En mettant en scène le retroussement des manches de sa chemise, Emmanuel Macron a témoigné de son peu de considération pour les élus de la République qui lui faisaient face. Et pendant que nous participons au spectacle et nous sentons privilégiés d'en être, les Français restent dehors. La ville de Souillac est verrouillée et les citoyens, devenus encombrants, sont tenus à distance. Bien plus qu'un symbole, cette scène illustre à elle seule ce qu'est devenue notre démocratie.

Emmanuel Macron achèvera de me démontrer ce jour-là qu'il n'aime ni la contradiction, ni la confrontation. Installé à quelques mètres de l'espace présidentiel, j'ai vite compris que les micros ne me parviendraient jamais pour poser une question. Dès sa première intervention, debout, Emmanuel Macron s'enivre de ses mots et vante son courage. Il se targue d'oser, lui, « venir au contact ». Il n'en a pas peur. Ce Grand Débat en est la meilleure démonstration. Au moment où il prononce ces mots, son regard se plante sur moi. « Vous voyez, monsieur le Député, me lance-t-il, je viens au contact. » Le message est clair. Parlant fort, je lui réponds : « Le contact avec des centaines de CRS, oui. » Un ange passe. Le président a entendu ma réponse. Je la répète une seconde fois. À cet instant précis, il tourne la tête et regarde ailleurs. Comme si cet échange n'avait jamais existé. Preuve à mes yeux de la froideur et de l'indifférence de celui qui ne cherche pas à convaincre, mais qui entend séduire vite et facilement. Or, je n'ai pas été séduit. Ni véritablement impressionné. Si bien qu'il a jugé inutile de consacrer plus d'énergie à ce détail. Vous m'aimez ou vous ne m'intéressez pas : le message est clair.

Je n'ai pas connu le regard vivant de Jacques Chirac. Mais je crois pouvoir imaginer ce qu'il traduisait de sincérité, de fragilité et de chaleur.

En mai 2008, je viens fraîchement d'être élu conseiller général du Lot. J'ai vingt et un ans et je suis un des deux plus jeunes élus départementaux de France avec Jean Sarkozy, le fils du président. Un déjeuner est organisé à l'Élysée. Le président veut saluer les jeunes élus. C'est la première fois que j'entre dans le palais présidentiel et une des rares fois où je « monte » à Paris. Au volant de ma 308, le déplacement a une saveur d'expédition. Conduit par un gendarme, je longe la cour. J'entre par une petite porte et poursuis mon chemin à travers des couloirs étroits qui desservent des bureaux que je devine petits et en soupente. Pour l'instant, la magie du lieu ne me frappe pas. Arrivée dans le bâtiment central, l'histoire est différente. Le lieu est calme. Presque silencieux et les salons sont superbes. Les gendarmes sont devenus des gardes républicains et la République impressionne. C'est le cœur du pouvoir et je suis saisi d'une émotion particulière. Le pouvoir, parce qu'il peut de grandes choses, ne doit pas être banal. Les lieux qu'il habite non plus.

Nous voilà dans un salon qui ouvre sur les jardins. Quelques instants d'attente à peine, alors que deux conseillers du président nous font la conversation, et Nicolas Sarkozy déboule en trombe. Il salue chacun des participants et, à peine quelques secondes après, nous sommes installés autour de la table. Le service est lancé immédiatement. Nous entamons le plat alors que Nicolas Sarkozy attaque le bol de fromage blanc et de fruits rouges qui lui a été servi en dessert. Il mange vite. Très vite.

Le tour de table commence. Chaque convive disserte sur la situation du pays, sans oublier de flatter notre hôte. Mon tour arrive. Et je prononce quelques mots. J'émets une ou deux réserves. J'oublie au passage tout réflexe courtisan et ne suis pas très loquace. Pour une raison simple : je suis intimidé.

Le déjeuner se termine, chacun fait sa photo. Je reprends ma 308 qui avait manqué de finir à la fourrière dans le périmètre de l'Élysee et regagne le Lot. Ému, impressionné et sûrement un peu fier.

Le lendemain, un des conseillers politiques de Nicolas Sarkozy me rappelle. Il est ennuyé. Le Président ne m'a pas senti enthousiaste. Il se demande même si je suis convaincu par son action. Convaincu ? Moi, le jeune militant UMP, ayant fait la campagne du candidat Sarkozy, fier de l'avoir vu parler à tous les Français, comment pourrais-je ne pas l'être ?

Il n'y avait pas de doutes dans mon esprit. Sauf pour Nicolas Sarkozy. Et il voulait en avoir le cœur net. J'étais invité à revenir voir le président, en tête à tête, quelques semaines après. J'ai dû ce jour là expliquer au président que ma discrétion était davantage liée à du respect qu'à un manque de convictions.

Nicolas Sarkozy a perdu son temps en voulant me reparler. Je n'étais pas grand-chose, je n'avais pas d'importance particulière pour lui, mais il n'était pas possible pour lui de supposer qu'il ne m'ait pas convaincu.

Entre Emmanuel Macron dont le regard s'efface à l'instant même où il sait qu'il ne réussira pas à vous séduire facilement et la détermination que Nicolas Sarkozy peut mettre à vouloir vous convaincre, qui que vous soyez, il y a un monde. Un monde opposant deux personnalités antinomiques et deux rapports aux Français, incompatibles.

Nicolas Sarkozy ne peut pas admirer Emmanuel Macron. Cela me paraît improbable. Il ne peut pas y avoir de bonnes raisons, de son côté, à la collaboration politique que les deux hommes ont engagée. J'ai trop de respect envers Nicolas Sarkozy pour ne pas penser qu'il se trompe et se laisse même abuser en manifestant tant de bienveillance envers ce successeur.

Je n'ai pas caché ce que j'en pensais à Nicolas Sarkozy. Comme ce jour de juillet 2017 où nous sommes une dizaine de jeunes députés à le recevoir pour un déjeuner à la questure de l'Assemblée nationale. L'ambiance est chaleureuse autour de la table. Jusqu'au moment où nous évoquons le cas de Gérald Darmanin. Nicolas Sarkozy l'appelle «Gérald». Je m'acharne à l'appeler «Darmanin». Puis j'interpelle l'ex-président. Je lui dis combien l'attitude du jeune ministre à l'égard des députés LR est marquée du panache du traître. Il ne se passe pas une semaine sans que l'intéressé s'en prenne violemment à la famille politique qui l'a vu grandir. Rien ne l'oblige à mettre du zèle dans l'exercice de la trahison politique. Nicolas Sarkozy s'agace. Moi aussi. Il invoque l'amitié pour défendre «Gérald», comme il dit. Je lui fais remarquer que nous sommes, *a priori*, aussi des amis. Et que son «ami Gérald» attaque les siens.

L'échange est vif, mais honnête et sincère de part et d'autre. Je n'en ai jamais voulu à Nicolas Sarkozy et il ne m'a, je crois, jamais vraiment tenu rigueur de ma franchise. Il est dans la volonté de persuasion, non de séduction à tout prix. Nous avons ce trait de caractère en commun.

Mais la discussion se poursuit. J'évoque alors une scène récente, celle de la cérémonie du plateau des

Glières. Nicolas Sarkozy a instauré quelques années auparavant dans ce haut lieu de la Résistance, un temps de commémoration nationale. Cette année-là, Emmanuel Macron a convié son prédécesseur pour assister à la cérémonie. Évidemment, le geste est hautement respectable. Nicolas Sarkozy se précipite d'ailleurs pour me le dire. Il a raison. Le geste qui m'a choqué n'est pas là. Durant la cérémonie les photographes ont capté la main qu'Emmanuel Macron a posée sur le genou de Nicolas Sarkozy. Et l'absence de réaction, sinon la docilité, de ce dernier. Une maladresse ? Peut-être. Un jeu immature ? Probablement. Mais surtout, à mes yeux, un geste de domination. À cet instant, Emmanuel Macron a fixé le rapport de force. Dans ce duo présidentiel, seul le président en exercice est en position dominante. Il n'y a pas de place pour deux.

Cette complicité factice entre les deux hommes ne sert que les intérêts d'un seul. Je l'ai dit en 2017 à Nicolas Sarkozy et je le pense toujours. Cette attitude de complaisance n'est pas à la hauteur de la grande idée que je me suis faite de lui en 2007. Mais elle correspond bien à l'idée plus restreinte que je me fais d'Emmanuel Macron.

Chapitre 16

Le cimetière des convictions

Emmanuel Macron, dès 2017, a ouvert grand la porte aux petits transferts politiques. Avec intelligence et par épuisement d'un monde politique ancien, il a récupéré les trop pressés, les trop frustrés. Ce fut d'ailleurs tout l'objet de sa campagne électorale. Recueillir les déçus des partis de droite et de gauche, incarner une position intermédiaire, transversale, en équilibre dans le vide. La promesse facile d'en finir avec les clivages politiques ne pouvait que séduire. Alors même qu'elle deviendrait peu à peu funeste pour les débats démocratiques. Cette intelligence et cette intuition, il faut les reconnaître à Emmanuel Macron. Le futur président est parvenu ainsi à imposer une idée nouvelle : le courage consistait désormais à trahir sa famille. Le vrai courage serait de publiquement renoncer à ses convictions, à ses idéaux, et de tirer un trait sur ses amitiés politiques. Le macronisme est parvenu à inverser les valeurs. Les scrupules n'ont plus leur place. L'essentiel est d'entrer au gouvernement, peu importe le cap, seule l'illusion de l'action compte. L'ascète dont parle Nietzsche dans sa *Généalogie de la morale* aurait pu inspirer nombre de transfuges du macronisme.

Pari insensé, mais qui a acté une triple rupture : morale, axiologique et politique. Ce qui était perçu avant 2017 comme une faute, une erreur de parcours, est devenu tout à coup une valeur revendiquée. Il y a désormais un certain héroïsme dans la trahison. Changer de camp au gré de ses ambitions est une chose aisée et même recommandée. « Débauchage » est devenu un mot fréquentable. Chacun se cherchera des excuses et il sera presque absous par l'intérêt médiatique soudain qui lui sera porté.

J'assiste à ce manège comme tous mes collègues qui ont eu la faiblesse de demeurer fidèles à leurs idéaux. La lumière qu'ils observent par la fenêtre, l'herbe qui pousse plus verte ailleurs attirent beaucoup les autres.

J'ai revu Gérald Darmanin quelques semaines après son coup de téléphone. Il m'a convié dans son bureau, à Bercy. J'ai hésité avant d'accepter son invitation, et j'ai fini par le faire, mû par le besoin de lui poser une question simple : comment assume-t-il le fait d'avoir mené campagne contre Emmanuel Macron avant de le rejoindre ? Ma question n'est pas accusatrice, mais curieuse et sincère. La confiance de ses amis ne peut tout de même pas être une chose si négligeable.

Gérald Darmanin m'accueille, très fier, dans son costume noir impeccable.

« Regarde la vue ! Impressionnante, non ? » me lance-t-il.

Il est vrai que la vue depuis les derniers étages de Bercy est impressionnante. Emmanuel Macron avait certainement dû en user allègrement lorsque ministre, il avait transformé ses appartements de fonction en lieux de dîners mondains permanents.

La vue symbolisait déjà la réussite. Après avoir échangé avec lui quelques banalités, j'en arrive à lui poser la question que je voulais lui poser :

« Comment as-tu expliqué ton choix à tes électeurs ? »

Il ne répond pas, passe à un autre sujet. Je reviens à la charge, plusieurs fois. Sans véritable réponse.

« Tu sais, à mon âge, un poste de ministre, ça ne se refuse pas », finit-il par m'avouer.

On pourra juger la réponse insuffisante, mais je crois qu'elle dit tout. C'est aussi simple que cela, au fond : avancer, à tout prix. La question restera pour l'avenir de savoir si les fondations de ce type de réussite sont assez solides. J'en doute mais je n'ai pas encore la réponse. 2027, 2032, le diront

En 2022, Damien Abad est notre chef de groupe à l'Assemblée. Dès avril, des rumeurs commencent à circuler selon lesquelles il pourrait rejoindre le gouvernement. Quand on l'interroge à ce sujet, il se récrie : « Quoi ? Moi ? Jamais ! »

Il nous l'assure à tous, droit dans les yeux, d'une voix affirmative, presque indignée. Un mardi, nous l'interrogeons en réunion de groupe entre députés LR.

Il est prêt à jurer que cela n'arrivera pas. Quelques heures plus tard, il devient ministre des Solidarités. Il aura une voiture de fonction, le gyrophare et le titre qui vont avec. Quelques mois seulement avant de violemment chuter. Dans son cas les fondations étaient faibles. Dans la tempête qu'il a connue, il n'avait plus ses anciens amis pour le défendre. Et il n'avait pas non plus ses nouveaux amis à ses côtés.

Le macronisme a banalisé l'effacement des repères. Certes, l'opportunisme en politique n'est pas une attitude récente, mais le macronisme l'a instauré comme règle de conduite. Qui n'a pas trahi n'existe pas. Ce qui subsiste des convictions ? Du vent venu de l'ancien monde. La relation entre le politique et les citoyens est pourtant fondée sur la confiance, dont il ne reste plus rien quand elle a été trahie. C'est tout le dilemme auquel est aujourd'hui confrontée notre démocratie, prise en étau entre l'inconstance des élus et la défiance des électeurs. J'assume de dire que l'effondrement de la politique et parfois celui du respect envers les politiques n'est pas étranger à ce spectacle. Pour être respectés, les politiques doivent être respectables. Non pas des saints, ce que personne n'est jamais vraiment, mais seulement des femmes et des hommes droits.

On m'a souvent reproché d'être dur envers les transfuges de la macronie. Je l'ai été et j'assume là encore cette intransigeance. Je crois que l'opportunisme est l'une des causes sournoises de notre crise démocratique.

Prétexter du courage pour justifier une trahison est piètre argument. Emmanuel Macron a anobli tous les dégradés de la politique. La macronie est le cimetière des convictions. Sur son fronton il est écrit : « Vous qui entrez ici, abandonnez toute croyance. »

Chapitre 17

Mieux vaut des amateurs !

Je comprends très vite que, pour les macronistes, j'incarne à peu près le mal absolu. « Un professionnel de la politique, quelle horreur ! » « Un type qui n'a quasiment fait que cela, c'est louche ! » Lors d'un débat à l'Assemblée nationale, je fais directement les frais de ce soupçon qui frôle l'accusation. Nous discutons du vote du budget, un moment sensible, crucial pour le gouvernement. Le débat est âpre, souvent tranchant.

Quand vient mon tour de prendre la parole, je m'affranchis un peu de l'usage courant et commence par évoquer mon parcours. On ne se connaît pas encore très bien à l'Assemblée, nous ne sommes que des regards qui se croisent, parfois se jaugent dans les couloirs. Beaucoup de nouvelles têtes ont surgi sur les bancs, dont on ne sait à peu près rien. Debout, sous l'œil amusé de certains collègues, je raconte mon histoire, mes réussites et surtout mes échecs. J'insiste sur ces derniers, pour bien faire comprendre que je mesure la chance que j'ai d'être là.

On m'interrogera plus tard sur ce moment «étrange». Il n'est pas habituel qu'un député prenne la parole pour parler de lui. Si bien qu'on a pris mon intervention pour une preuve de narcissisme exacerbé, alors que je souhaitais, au contraire, montrer que la politique doit retrouver un visage humain, parce qu'elle en a besoin. Un grand silence suit mon intervention. La seule réaction, venant du fin fond de l'hémicycle, est celle d'un député d'En marche à moitié hilare : «Et il en est fier en plus ! »

Sur le moment je ne comprends pas ce qu'il sous-entend. Se moque-t-il de mes défaites ? En fait, non. Pour ce député, je suis déjà un fossile de la politique. Un «pro». À mon âge, c'est une tare risible.

Le macronisme a prospéré grâce à l'opprobre qui pèse sur l'ensemble de la classe politique et à son érosion continue. Il profite d'une sorte de disqualification générale. « Vous en avez marre de ces professionnels de la politique ? On va vous en débarrasser ! » Tel a été le mot d'ordre, accompagné de la promesse d'un nouveau monde. Mais cette promesse, comme celle du camelot, n'a tenu qu'un jour et demi. Qu'incarne vraiment le «nouveau monde» ? Un espoir ? Oui, certainement au départ. Mais un espoir sans idéal n'est reposant qu'un instant. Sur un temps à peine plus long, il est voué à l'errance et à l'effondrement. Le macronisme a représenté une diète alimentaire après des périodes lourdes et devenues indigestes d'un spectacle politique épuisé. Après la diète alimentaire revient l'appétit. Parfois cette faim est puissante, expéditive, à la hauteur de la privation qui l'a précédée. Les radicalités aux extrêmes droite et gauche de l'échiquier incarnent cette faim brutale.

Derrière cela, il y a la perspective séduisante – en réalité assez méprisante – de mettre en place une classe politique « hors système », c'est-à-dire hors parti, détachée de tout combat idéologique, fraîchement issue de la société civile. Le macronisme à ses débuts a réussi une imposture magistrale. Faire croire aux Français qu'il incarnait un anti-conformisme. Il suffit pourtant de jeter un coup d'œil sur le profil du « marcheur » pour comprendre rapidement que ces nouveaux venus ne sont en rien originaux. Hors système ? Hors idéal et hors idées, plutôt. Leur seul argument de vente est la nouveauté.

Mais il y a tromperie sur la marchandise. Le postulat selon lequel un bon politique réussit en amateur est un piège. Pour parodier la formule de Charles Péguy : « Le macronisme a les mains pures ; par malheur, il n'a pas de mains. » Sous ses apparences connectées, derrière sa maîtrise des réseaux sociaux, sa capacité à nourrir le divertissement général, la start-up génération duplique, en pire, l'ancien monde.

Un exemple parmi d'autres : un des grands combats du macronisme a été la suppression des grands corps de l'État, de nos diplomates, en passant par l'affaiblissement du corps préfectoral ou encore par la vraie fausse suppression de l'École nationale d'administration. Une partie de nos concitoyens ont supposé que cette suppression allait dans le sens d'un progrès salutaire. Leur suppression ne risque-t-elle pas d'entraîner des maux plus grands que ceux que l'on croit guérir ? N'importe qui, désormais, pourra prétendre occuper un poste de préfet, puis devenir ambassadeur, ou recteur d'académie. Ce sera l'avènement de l'amateurisme en politique et de la soumission politicienne de nos serviteurs de l'État. Notre pays a besoin d'un État fort et détaché des immédiatetés, y compris politiques, qui retrouve un temps long. C'est l'héritage du gaullisme et il est grandement moderne. C'est un chantier immense que de rebâtir l'État. Ce n'est pas en saccageant un bien commun que nous relèverons les défis à venir.

Il s'agit, en fait, d'une tactique de plus, d'une grande diversion. L'idée est de répondre à la soif de justice sociale par une mesure en apparence spectaculaire, qui se révèle simplement catastrophique pour le service public. Présenter les grands corps de l'État comme une caste de privilégiés est évidemment un raccourci mensonger, surtout quand on en est soi-même issu. Laisser croire que l'on peut devenir préfet ou ambassadeur du jour au lendemain est un pari à tout le moins hasardeux. C'est, une fois de plus, la négation du professionnalisme, de l'expérience et de l'engagement à long terme. Dans le macronisme, l'intérêt particulier l'emporte souvent sur l'intérêt général. En réhabilitant l'État, je ne pense pas à la bureaucratie qu'il est aujourd'hui devenu. Je pense à ce qu'il doit être : la colonne vertébrale de la nation et de la République.

Ce nouveau système, *a priori* plus vertueux, ne valorise en réalité que le dilettantisme, et laisse s'installer un risque accru de népotisme. En matière de responsabilité publique, il ouvre la porte à toutes les surenchères.

Il fait également entrer le loup dans la bergerie. La démultiplication des passerelles entre secteur privé et secteur public entraîne les pires confusions, pour ne pas dire les pires compromissions, voire plus encore. On le constate d'ailleurs chaque mois, lorsqu'une nouvelle collusion d'intérêts est pointée du doigt. Comment pourrait-il en être autrement dans un système précisément fondé sur la confusion des intérêts ?

Voilà donc ce qui se cache derrière ces « venus » de nulle part, convaincus d'incarner une forme de progrès, de porter une révolution politique, dont les ravages ne se sont pas fait attendre. Nous déplorons chaque jour ses méfaits dans le fonctionnement de notre démocratie et la gestion de notre pays. L'équilibre des pouvoirs se fonde sur la tension et sur le contrôle que chaque pouvoir peut exercer sur l'autre.

Ce mercredi 23 septembre 2020, c'est jour de questions au gouvernement à l'Assemblée nationale et j'ai choisi d'interroger publiquement Jean-Yves Le Drian, alors ministre des Affaires étrangères et de l'Europe. Quelque temps auparavant il a personnellement signé une lettre adressée au dirigeant du Groupe LVMH pour voler au secours de l'entreprise qui tentait de se défaire d'un coûteux contrat de rachat déjà bien avancé envers la marque Tiffany. Ce dossier à plus de

13 milliards d'euros aurait dû rester une affaire commerciale et un conflit à régler entre deux entreprises mondiales. Sauf que la machinerie diplomatique de la France a été mise au service du conseil d'administration du Groupe LVMH. Les intérêts de la nation étaient-ils en jeu ? Non, absolument pas. Lorsque je lui demande une explication le ministre patauge dans la réponse qu'il me fait. Un procès était annoncé entre les deux entreprises et la lettre de l'État était versée au dossier. Elle devait rester secrète. Ce ne fut pas le cas. Je reste convaincu que Jean-Yves Le Drian n'a pas librement signé cette lettre. Peut-être a-t-il tenté de résister, en vain, à la demande élyséenne. Ma question a surpris et elle était à l'évidence risquée. Je ne regrette pas de l'avoir posée.

Chapitre 18

Première loi

Dès juin 2017, alors que je viens de faire mon entrée à l'Assemblée nationale, je me suis attaché à défendre un projet de loi en faveur de l'inclusion des élèves en situation de handicap au sein de l'école. C'est une proposition qui contient des solutions concrètes et novatrices pour ces enfants et adolescents qui ont trop longtemps été laissés de côté. L'école républicaine ne saurait être réservée à ceux qui n'ont pas de différences. Bien sûr, il y a dans ce combat des raisons personnelles et intimes liées aussi à tous ceux que j'ai rencontrés comme conseiller général puis maire, et dont j'ai mesuré les souffrances et l'état d'abandon.

Pour la République, qui promet l'égalité, c'est une question de dignité dans le traitement des plus vulnérables et de reconnaissance du travail des aidants, si grand et essentiel. Ces accompagnants, à cause d'une pluralité de statuts, se trouvent eux-mêmes dans une situation de très grande précarité. Si bien que, dans certaines académies, les élèves souffrant de handicap ne trouvent même plus d'accompagnants en nombre suffisant et sont mis à la marge de la scolarisation. Je propose donc de donner un statut à ces accompagnants, souvent des femmes, de revaloriser leurs salaires et de leur assurer une évolution de carrière. Il s'agit d'en faire un vrai métier et de passer une étape décisive dans la transformation de notre école et de notre société tout entière. En initiant cette proposition de loi avec mon groupe politique, j'ai tout simplement le sentiment d'être dans mon rôle d'élu du peuple, fait pour répondre à toutes les formes d'urgence sociale.

Ma proposition est largement soutenue, au-delà des clivages politiques. Sauf par la majorité macroniste. Ses représentants interviennent sur le texte avec une froideur assez révoltante. Ils regardent les chiffres, parlent de pourcentages que personne ne peut comprendre, bien loin des réalités de la vie. Sur un sujet aussi crucial, ils réussissent à vider le débat de son contenu éthique, moral, en un mot : humain. Ne reculant devant rien, les députés de la majorité profitent d'un artifice de procédure, le « rejet préalable », pour que le texte soit écarté avant même d'être examiné. C'est tellement plus simple ainsi.

Un tel scandale m'a définitivement ouvert les yeux sur la nature profonde du macronisme. Ses représentants nous avaient expliqué, des mois durant, vouloir régler les problèmes autrement, en dépassant les clivages. En réalité, ils ne supportent pas les règles de notre démocratie qui permettent que des députés de l'opposition puissent faire avancer les choses à leur place. Et plus vite qu'eux.

Certains de ces députés, à ce moment-là, se sont mobilisés. Notamment François Ruffin, qui dénonce la manœuvre du pouvoir. Nous menons la bataille en commun. J'ai avec lui des divergences profondes, sur l'économie, sur l'immigration, entre autres. Ce qui n'empêche en rien le respect. Il exprime une colère qui est indispensable au combat que nous avons à mener pour que la politique redevienne une source d'espoir. Cette colère et cette fureur sont à la fois sa force et sa limite. Et puis il y a la formation politique à laquelle il appartient, celle d'une France insoumise qui va de dérive en dérive.

La génération qui vient en politique a dans notre pays le devoir de s'émanciper, voire de rompre avec les faiblesses actuelles de nos partis. Tout le défi est là : trouver la forme et le bon moment.

Toutes les batailles en faveur du handicap n'ont pas été perdues.

Depuis de longues années, plusieurs députés issus de différents horizons se battent pour obtenir la déconjugalisation de l'allocation adulte handicapé. Derrière ces termes froids se cache une réalité insupportable : un homme ou une femme en situation de handicap perd le bénéfice de son allocation si lui ou elle se met en couple. À la peine du handicap se rajoute la sanction de l'amour. Il s'agit donc d'individualiser cette aide. Une évidence qui pourtant rencontre depuis cinq ans l'opposition catégorique du gouvernement. Les arguments qui s'y opposent sont lamentables, comme on l'a constaté ce jour de débat à l'Assemblée où la secrétaire d'État de l'époque chargée du handicap ose invoquer un problème d'adaptation des logiciels de l'administration pour refuser cette avancée.

À peine un mois après ma réélection, je défends une nouvelle proposition de loi avec mes collègues députés Les Républicains. La bataille est ferme. Le 20 juillet au soir, la loi de déconjugalisation est adoptée à la quasi-unanimité. Elle est entrée en vigueur le 1er octobre 2023 et elle changera la vie de plusieurs millions de nos concitoyens. Ce combat n'est pas celui du handicap. C'est celui de la dignité et de la détermination dans les batailles parlementaires. Lorsque les députés se rassemblent pour changer la vie de nos concitoyens, c'est la politique tout entière qui en sort gagnante. Au-delà des agitations, que bien souvent je porte moi aussi, il reste l'essentiel qui permet d'éprouver un sentiment d'utilité.

Chapitre 19

Transmission

Lorsque je rencontre pour la première fois Christian Jacob à l'Assemblée nationale, nous nous connaissons assez peu. Notre entrevue se déroule dans son bureau du président du groupe LR.

Très rapidement, comme si la chose était évidente, la conversation s'engage sur Jacques Chirac. Christian, qui l'a bien connu, parle de lui comme on parle d'un père, entre affection et respect. Il a traversé les grands moments de l'épopée chiraquienne, de la campagne de 1995 jusqu'à l'élection de 2002 face au Front national. Au cours de notre entretien, j'ai l'impression que Jacob me met à l'épreuve, comme pour s'assurer que je suis vraiment un ami sincère de la famille. Un chiraquien de circonstance ne gagnerait pas son respect.

Lors de notre échange il est question de l'attention particulière que Jacques Chirac a toujours portée aux plus démunis. Et, parmi les compagnons de route du président, ressurgit très vite le nom de Xavier Emmanuelli, le fondateur du Samu social de Paris, au temps des grands défis que les politiques savaient alors relever.

À peine arrivé à Paris, l'un des premiers chocs que j'ai ressentis a été celui de la misère dans les rues. Non que je vienne d'un territoire où la pauvreté n'existe pas. Mais elle y est moins spectaculaire et visible. C'est tout autre chose que d'être pauvre à Paris. Dans la capitale, la misère ne pardonne pas. Elle prive de tout, et en particulier de leur dignité, ceux qui en sont réduits à n'occuper qu'un bout de trottoir. C'est certainement une vision de provincial mais l'idée même de devoir m'habituer à ces scènes m'effraie. Alors j'en parle, pour continuer à voir clair. Je dis tout cela à Christian, qui m'écoute avec la plus grande attention.

«Il faut que tu voies Xavier Emmanuelli», me répond-il simplement.

La rencontre se fera, dans le même bureau, trois semaines plus tard. Moment unique : Jacob et Emmanuelli me parlent de Jacques Chirac comme s'il était encore vivant. Lors de notre entrevue, le médecin me raconte comment, presque sur un coup de tête, Chirac et lui ont créé le Samu social, l'une des plus grandes avancées contre l'extrême pauvreté.

C'est grâce à Christian que j'ai rencontré plusieurs de ceux qui, un temps, ont accompagné Chirac dans son aventure. Plusieurs d'entre eux sont devenus des proches. Pierre, un ancien de Bercy, est de ceux-là. Haut fonctionnaire à la retraite, il avait demandé à me rencontrer par curiosité. Depuis, j'ai l'impression de l'avoir toujours connu, comme un ami, un membre de ma famille. La transmission, même si l'on aimerait toujours qu'elle aille plus loin encore, c'est aussi cela : permettre les bonnes rencontres, au bon moment, et pour longtemps.

Je n'ai jamais rencontré Jacques Chirac, mais il est resté pour moi une figure tutélaire.

L'engagement politique et les chemins d'une vie tiennent à peu de chose. Ce qui au départ n'était pas rationnel dans cet attachement est devenu fondateur pour moi. De ma passion pour les arts premiers jusqu'à ma prise de conscience de l'enjeu vital que représente la préservation de notre planète, Jacques Chirac a façonné, de loin, mon regard sur le monde et sur les hommes.

C'est Christian Jacob qui m'a encouragé à rencontrer sa fille Claude, tout en me mettant immédiatement en garde : « Avec Claude, soit ça se passe très bien, soit très mal. Écris-lui et tu verras. »

Ce que j'ai fait avec précaution. Claude Chirac m'a répondu quasiment dans l'instant. Nous nous retrouvons dans un café en face du Sénat. Je suis un peu anxieux à l'idée de la voir, comme si je m'apprêtais à passer un examen. Elle s'étonnera sûrement en lisant ces lignes, tant elle ne recherche pas à intimider qui que ce soit, mais le fait est que Claude impressionne. Peut-être sans le vouloir vraiment.

Ce jour-là, nous passons plus de deux heures ensemble. Nous discutons de tout, mais à aucun moment de son père, du moins pas directement.

Nous parlons des questions de handicap, de psychiatrie. Je suis, à ce moment-là, en plein débat sur la proposition de loi que je défends à l'Assemblée en faveur des accompagnants d'enfants en situation de handicap.

Je découvre une femme passionnée, sensible et pudique. Plus le temps passe, plus je retrouve en elle ce que son père a laissé d'essentiel aux Français. Un même respect pour la différence, une même curiosité, une même humilité et une grande incertitude qui, curieusement, devient une force pour sentir et comprendre la nature humaine. Depuis ce jour-là s'est nouée entre nous une relation d'estime dont je suis heureux.

Claude est véritablement la dernière des vraies chiraquiennes. En septembre 2019, songeant déjà à préparer la traditionnelle carte de vœux, je choisis une photographie de son père avec un paysan de Corrèze que j'avais vue enfant. Le problème est que je n'en trouve plus aucune trace. Elle est dans ma mémoire, mais semble avoir disparu des archives. On remue ciel et terre jusqu'au moment où, juste avant la fin du mois de décembre, on finit par la retrouver dans une agence. Je me la procure immédiatement. Quelques mois plus tard, je revois Claude Chirac au Salon de l'agriculture, lors du vernissage d'une exposition de photographies de Jacques Chirac, peu de temps après son décès. Claude vient m'embrasser.

« Merci pour la photographie, me dit-elle. J'ai beaucoup aimé votre carte de vœux. »

Elle la connaissait, mais ne l'avait pas revue depuis longtemps.

Après quelques instants d'hésitation, une petite dame s'approche de moi. Elle me remercie à son tour pour cette image dont elle ignorait l'existence. Elle est très émue. Claude finit par nous présenter : cette dame s'est occupée de Chirac jusqu'à la fin de sa vie et prend aussi soin de son épouse, aux côtés de Claude qui a consacré et consacre encore sa vie à ses parents. Cette femme a vécu dans l'intimité du couple. Peu de visages politiques peuvent faire naître un tel attachement.

En 2022, je sollicite de Claude Chirac son soutien lors des législatives. Au téléphone, quand je lui fais part de mon invitation, elle hésite.

« Je ne suis pas certaine d'avoir quelque chose à dire, Aurélien… » prétexte-t-elle. Elle me rappelle finalement quelques heures plus tard pour me donner son accord.

Claude Chirac viendra donc passer une journée entière à Cahors. Ensemble, nous visiterons quelques lieux symboliques des combats chiraquiens, communs avec mes propres engagements. Puis, durant l'après-midi, nous ferons le tour des commerçants du centre-ville. Je découvre alors une femme naturellement à l'écoute, humaine, accessible, très attentive aux autres. Elle s'attarde dans chaque boutique, m'obligeant souvent à écourter les conversations.

Près d'une brasserie très fréquentée, une inconnue arrête Claude et l'embrasse. Elle s'excuse auprès d'elle de ne pas avoir pu venir aux obsèques de son père. Comme si elle s'en voulait d'avoir manqué ce dernier adieu.

« Donnez-moi votre adresse, lui dit Claude. Je vous enverrai le livret que nous avons fait imprimer pour la cérémonie. »

L'inconnue note ses coordonnées sur un petit bout de papier tiré du fond de son sac à main, que Claude range dans la poche intérieure de sa veste. Puis nous nous quittons.

Une heure plus tard, alors que nous poursuivons la visite de la ville, je vois Claude fouiller tout à coup dans ses poches, l'air paniquée. Je lui demande ce qui ne va pas, et elle me répond simplement : « Je l'ai perdu », sans me préciser quoi.

Elle craint d'avoir laissé tomber le petit bout de papier sur lequel la dame lui a noté son adresse. Elle finit par le retrouver, soulagée.

Cette anecdote n'a rien d'anodin. Elle exprime ce que signifie à mes yeux le chiraquisme : le souci des autres, le souci de l'humain, l'attention particulière que l'on doit porter aux moindres détails, parce que tout geste, toute action a un sens.

Le respect qu'un responsable politique sait exprimer envers nos concitoyens est crucial. L'expérience des hommes est à placer au premier rang des qualités essentielles pour diriger la nation. De cette relation de respect ou de mépris dépend la cohésion du pays. Jacques Chirac n'a pas tout réussi. Mais il a nourri une relation de cœur avec les Français. C'est sans doute son meilleur leg.

Chapitre 20

Génération frustrée

L'apprentissage veut que les nouveaux députés participent à tous les débats, y compris ceux qui ne les intéressent pas vraiment. Un soir de février 2018, il est déjà tard, et avant de me rendre dans l'hémicycle, je vais chercher un livre à la bibliothèque pour occuper le temps. Un ouvrage dans une vieille édition, au papier décoloré, m'intrigue et, sans même en connaître le contenu, je décide de l'emprunter. Une fois sur mon siège, je me mets à le lire. C'est alors qu'un collègue de mon groupe politique m'aperçoit, se lève, se précipite sur moi pour me retirer littéralement le livre des mains. Le geste est intrusif. Le député, debout, à côté de moi, regarde le volume et me demande : « Tiens, tu lis ça, toi ? »

Je reprends le livre, assez brutalement à mon tour, et lui réponds sur le même ton : « Oui, mais rassure-toi, je cherche juste les images, je ne comprends pas le reste. »

Il repart satisfait, arborant un léger rictus. Je ne suis pas sûr qu'il ait compris que je plaisantais.

Nous n'avons jamais vraiment réussi à nous comprendre, Guillaume Larrivé et moi. Comment expliquer son geste? J'y ai souvent réfléchi depuis lors. J'ai longtemps cru que c'était du mépris intellectuel. Ses diplômes sont brillants. Les miens sont légers. Mais je crois qu'il y a autre chose, en réalité.

On m'a parfois fait la remarque suivante : «Ta génération agace.»

J'éprouve du respect pour les ténors de ma famille politique. Nous avons parfois eu des désaccords, mais toujours j'ai gardé envers eux ce respect que l'on doit à ceux qui ont su tracer leur route. L'inquiétude vient de cette incapacité, qui s'installe dangereusement à droite; passer le relais et transmettre. Dit ainsi, certains comprendront que j'en fais une petite bataille de générations. Absolument pas. Transmettre, c'est bâtir un compagnonnage. Or, le goût de mener ensemble des batailles a été perdu à droite. Notre défi est de le retrouver.

Il faut comprendre combien la frustration et l'amertume peuvent paralyser les élus de ma génération, à droite comme à gauche.

En 2017, une vague de nouveaux visages investit l'Assemblée nationale. Des marcheurs qui, pour certains, ont fait des stages chez des députés de diverses tendances. L'un d'entre eux devient secrétaire d'État chargé du tourisme. Il se trouve justement dans l'hémicycle, prêt à répondre à la question d'un député La France insoumise, quand ce même Guillaume Larrivé, que je sens nerveux, s'approche de moi et me dit, en pointant du doigt le ministre : « Tu te rends compte, ce type-là a été mon stagiaire. Ce n'est pas sa place, c'est la mienne ! »

Cette remarque me fait l'effet d'être à la fois terrible et attendrissante. Terrible par ce qu'elle dit d'une frustration. Attendrissante, en ce qu'elle révèle une réelle blessure. Cette blessure en dit long sur l'état d'esprit des transfuges du macronisme, sur l'opportunisme de ceux qui, pris par un sentiment d'urgence, ont renié leurs engagements. « Si je ne réussis pas maintenant, alors c'est fini. » Ignorant ce que j'aurais fait à leur place, je ne les juge pas. J'ai la chance d'appartenir à une génération qui ne se sent pas tenue de jeter ses dernières cartes sur le tapis avant que les projecteurs politiques ne s'éteignent. Cela n'a rien à voir avec nos qualités. C'est seulement une question de temporalité.

En 2019, nous sommes plusieurs députés à nous faire remarquer. Peu de temps après, j'ai rendez-vous avec une cadre du parti. C'est elle qui m'a fait venir. Dans son bureau, nous tournons un peu autour du pot, puis l'intéressée finit par me déclarer, les lèvres pincées : « Je ne comprends pas pourquoi vous vous excitez comme ça… Toi, par exemple, tu as été bien servi ! »

Sa réflexion me stupéfait, m'indigne même, sans que j'en comprenne tout à fait le sens. Réduire nos combats à de l'agitation et surtout faire comme si nous étions des privilégiés, moi en particulier… « Bien servi… » Que veut-elle dire au juste ? On pourra rire de ma réaction, et c'est bien le problème. Nous nous sommes trop habitués à ne pas réagir au cynisme, aux petits calculs, à l'égoïsme, à la jalousie.

La génération qui a connu de belles années avec Nicolas Sarkozy, dernier président de droite est restée nostalgique de ces années où l'avenir lui appartenait. Son espoir de revenir au pouvoir a été perdu avec François Fillon. Aujourd'hui, c'est une génération qui ne s'aime plus. Ce qui explique son obsession de la concurrence. Son désir de savoir qui lui fera de l'ombre et qui aurait été mieux servi qu'elle.

En tant que militant, j'ai été traumatisé par François Fillon et Jean-François Copé. Deux enfants gâtés s'étripant durant des semaines pour obtenir la présidence de leur parti sous l'œil des caméras. Mesure-t-on assez les dégâts que cette querelle fratricide a provoqués ? Jean-François Copé est sans doute l'un des hommes politiques les plus intelligents de sa génération, et pourtant il n'a pas su échapper à ce qui guette chacun d'entre nous en politique : l'autodestruction.

Rien ne subsiste de certains engagements que cette rage de donner des coups, de régler des comptes avec sa propre famille politique et avec soi-même, d'une certaine manière.

Cette génération déçue et sacrifiée est pareille à une lumière éteinte qui voudrait encore briller.

Chapitre 21

La fin des idéaux

Les macronistes aiment les mots à la mode. C'est leur façon de montrer qu'ils ont bien pris le train du progrès. Lors d'une séance dans l'hémicycle, j'écoute les collègues de la majorité débattre entre eux, ou plutôt s'agiter, en invoquant toutes sortes de notions assez creuses. Ils parlent de résilience, d'inclusion et de pédagogie. C'est en les fréquentant que j'ai d'ailleurs trouvé ce petit théorème : dès lors qu'une personne est capable de placer dans la même phrase « inclusion » et « résilience », c'est qu'elle raconte n'importe quoi. Ces collègues, donc, débattent. Ils se veulent très « pragmatiques ». C'est l'argument massue des marcheurs : se débarrasser de toute idéologie pour n'être qu'« action ». Neutre, objectif, efficace : le macronisme n'est ni plus ni moins qu'un instrument de chantier. Sans architecte et sans rêve d'avenir meilleur.

Quand vient mon tour de prendre la parole, je lance, depuis mon siège : « Où est passée votre flamme ? »

De fait, on m'a pris, à ce moment-là, pour un illuminé. Les élus de la majorité ont ri tant ma question leur a paru incongrue. De quoi voulais-je parler? Ni plus ni moins que de cette sorte d'étouffement, d'assèchement, d'appauvrissement des idéaux et des convictions. De cette idéologie sans idéologie, de cette pensée qui ne pense pas, de cette action qui n'actionne rien. Ils ne comprennent pas ma question, ou font semblant. Derrière les notions de résilience et de pragmatisme qu'ils brandissent comme des étendards, se cache en réalité un aveu terrible : la démission face au défi. Être pragmatique, pour eux, consiste à ne pas faire de politique. Être résilient, c'est ne plus rien attendre d'elle. Un seul programme : l'abandon.

Les pragmatiques ont renoncé à la politique.

Le ni droite, ni gauche, le fameux dépassement des clivages est un empoisonnement dont on sous-estime les méfaits.

« Les citoyens doivent éprouver des passions partisanes pour animer le régime et empêcher le sommeil de l'uniformité », écrivait Raymond Aron. Il ajoutait : « Je n'oserais dire que le bonheur des citoyens se mesure à l'intensité des troubles politiques ressentis par la cité, mais la qualité d'un régime politique ne se mesure pas non plus à la paix apparente. » Éclairante vérité.

Chapitre 22

Tenir bon

Le débat sur la réforme des retraites m'a permis de faire l'expérience des pressions et des menaces provenant de sa propre famille politique.

Plus les débats avancent autour de cette réforme expéditive, plus les pressions s'accentuent. Avec mes compagnons de route, je comprends que les choses se jouent dans des coulisses auxquelles nous n'avons pas accès. Il s'agit de réunions secrètes, de déjeuners, de dîners et d'appels téléphoniques permanents entre la majorité d'Emmanuel Macron, son gouvernement et certains responsables de notre parti.

Durant les débats parlementaires, nous essayons de ramener les discussions vers des points essentiels, volontairement ignorés. C'est notamment le cas de l'argument répété sans relâche : la démographie de notre pays imposerait sans autre choix possible un recul de l'âge légal de départ à la retraite. Cet argument est fallacieux et pourtant il a été au centre de tous les débats. Le déséquilibre de notre système par répartition ne vient pas de la baisse de la natalité, mais bien du déséquilibre entre le nombre d'actifs et le nombre de retraités. Les femmes françaises pourraient avoir six enfants chacune, si ces dernières travaillent moins, le régime restera déséquilibré. Le cœur du sujet, c'est le volume de cotisants. Donc l'emploi, les heures réellement travaillées, le niveau de richesses produites, les salaires …

Telle est bien la raison pour laquelle il faut repenser notre rapport au travail. À l'Assemblée, jamais le débat, accaparé par la question de l'âge de départ en retraite, n'aura permis d'aborder celle du rapport au travail : c'est l'autre scandale de cette réforme d'être passé ainsi à côté du sujet central de transformation du pays. Nous devons repenser le travail en nous posant la question suivante : comment produire davantage de valeur et mieux la répartir ?

Et c'est précisément pour cette raison qu'il était impensable à mes yeux de lâcher sur la question des carrières longues. Avec plusieurs de mes collègues, nous parvenons à l'installer au cœur du débat. Les journalistes s'en font l'écho, la droite se met enfin à parler de ceux qui travaillent le plus dur. Cette bataille pour les carrières les plus longues peut sembler anecdotique ou réductrice, et pourtant elle est essentielle. Le travail n'est plus respecté dans notre pays. L'effort, y compris physique, lié à un métier, est négligé. Comment peut-on à la fois chercher à promouvoir l'apprentissage et l'entrée tôt dans la vie active, prétendre respecter l'effort et le mérite, vouloir faire de la France un pays d'artisans, d'ouvriers, qui produisent de la valeur économique, qui ne se réduisent pas aux seuls services délocalisables, et ne pas soutenir ceux qui commencent à travailler avant leurs vingt et un ans ?

Chaque année notre pays consacre huit milliards d'euros à financer une compensation à tous ceux qui, ayant débuté le plus tôt, ne peuvent pas aller jusqu'à l'âge légal de départ à la retraite. L'hypocrisie d'une pension d'invalidité pour eux vaut-elle mieux qu'un droit digne à prendre sa retraite ? La bataille des carrières longues était en réalité celle de la dignité des travailleurs que la droite n'aurait jamais dû refuser de mener sans relâche.

C'est un moment étrange durant lequel des membres de ma famille politique que j'estime, et respecte, se mettent à m'attaquer. J'essuie toutes sortes de coups. On me prête toutes les pathologies possibles et imaginables. Seules les rencontres hebdomadaires avec des citoyens, de droite comme de gauche, qui me disent simplement « merci », me donnent la force de continuer. Un jour je vois s'avancer vers moi, à Labastide-Murat, un vieil homme qui me déclare, l'air d'abord menaçant :

« Je ne vous ai jamais soutenu, mais je suis fier de ce que vous faites, monsieur le député. Merci de tenir bon. »

Une des conditions posées et acceptées par tous les Républicains pour soutenir cette réforme était claire : les efforts nouveaux ne devaient pas peser sur ceux qui avaient entamé tôt leur carrière. C'est d'ailleurs pourquoi la bonne réforme était celle qui portait sur la durée de cotisation plus que sur ce totem improductif et injuste de l'âge légal. Lors d'un bureau politique, cette demande est votée à l'unanimité de ses membres. Mais au fur et à mesure, je sens bien que la priorité n'est pas nos conditions, mais de voter la réforme voulue par Emmanuel Macron. Quitte à reculer sur nos exigences ou à acheter de la fausse monnaie. La bataille parlementaire est rude, reste à savoir qui craquera le premier.

Plus les jours passent, plus je me demande si j'ai raison ou tort, si je ne suis pas un peu trop têtu, comme me le reprochent certains. Ce dont je suis sûr, en tout cas, c'est que ma famille politique joue sa crédibilité dans cette bataille et que la détermination est une vertu indispensable pour l'emporter.

Alors que je suis dans le Lot, une femme vient me voir. Je l'ai vue hésiter durant l'inauguration à laquelle je participe près de Gourdon. Elle finit par me saisir les deux avant-bras pour me dire : « Ne nous lâchez pas ! »

L'interpellation peut sembler banale mais elle ne l'était pas dans ces moments démocratiques tendus où la solidité d'une position joue un rôle essentiel vis-à-vis de nos électeurs. Tenir bon face à Emmanuel Macron est la meilleure manière de ne pas abandonner entre les mains de Marine Le Pen ou celles de Jean-Luc Mélenchon la France populaire. Si nous avons été quelques-uns à tenir, c'est parce que nous pensions que le véritable sens des responsabilités était là. Non dans la perte de nos repères.

Un nouveau comité stratégique se tient en février 2023, dans la même petite salle mal éclairée de la rue de Vaugirard. Tous ses membres, cadres du parti, sénateurs et députés sont présents. L'objectif, en plein débat sur la réforme des retraites : s'aligner. D'aucuns nous font miroiter de potentielles victoires. « Le gouvernement va nous lâcher des trucs », nous glisse-t-on. L'ambiance vis-à-vis de moi est tendue : voilà plusieurs jours qu'on me reproche mes prises de parole successives à l'Assemblée et dans les médias, perçues comme autant de pas de côté qui risquent de briser notre unité. Après un rapide tour de table, un sénateur de droite m'interpelle : « Aurélien, maintenant, ça suffit ! »

Personne ne bronche. Je demande : « Dites-moi, qu'est-ce qui suffit ?

— Tes positions catégoriques sur les carrières longues, Aurélien. On n'obtiendra jamais gain de cause, arrête cette agitation. Ça suffit !

— Comment peux-tu dire ça ? Comment se satisfaire de ne pas avoir corrigé cette injustice ? La réforme des retraites, dans sa forme actuelle, est une injustice ! Non, ça ne suffit pas ! Ça suffira le jour où on aura réglé ce problème. Pas en s'arrêtant à mi-chemin. »

C'est peut-être la phrase que j'aurai le plus entendue durant cette bataille : « Maintenant, ça suffit. » Pour beaucoup, la priorité n'était pas de défendre une certaine conception du travail ou de s'attaquer aux problèmes de fond, mais de renoncer à se battre.

Se ranger dans le camp des «raisonnables» et des auto-proclamés «responsables». Priorité au *statu quo*. Pourquoi un parti d'opposition, historique, majeur, comme celui des Républicains, devrait-il abdiquer au nom du «ça suffit»? Je me pose souvent la question à ce moment-là. Nous n'avons jamais cherché à élaborer une stratégie commune autre que celle souhaitée par le gouvernement. Pourtant nous étions nombreux à penser la même chose, à nous sentir frustrés. Nombreux à être déçus que la droite ne sache pas montrer d'elle un autre visage que celui auquel on veut la réduire : le parti des privilégiés.

La droite a oublié en route que, d'Édouard Balladur à Nicolas Sarkozy, notre famille politique a plus souvent réformé par la durée de cotisation que par le report de l'âge légal, en s'arcboutant sur ce qui a fait pourtant nos échecs électoraux. Cette réforme des retraites ne marquera pas l'histoire. C'est un épisode de notre vie politique, et rien de plus. Mais si je m'attarde à l'évoquer c'est parce qu'elle a signé à mes yeux des combats que la droite a peur de mener. Pour l'avenir nous devrons totalement revoir notre projet politique. Celui ou celle qui dirigera notre pays en 2027 ou au-delà devra davantage avoir le goût du Grand Soir que celui de petites positions présumées confortables.

Chapitre 23

Les mots croisés

Olivier Dussopt a été élu député en même temps que moi et j'ai pour lui de l'estime et du respect. Dans l'hémicycle, je le voyais en homme de gauche défendre avec détermination les valeurs qu'il revendiquait alors. J'avais avec lui de nombreuses différences idéologiques, mais il me paraissait assez pur et solide dans ses engagements. Je le vois d'ailleurs à cette époque mener à l'Assemblée, très fermement, des batailles contre la macronie, en particulier sur le budget. Un jour, je le retrouve à la buvette de l'Assemblée. C'est la première fois que nous nous adressons la parole. À ce moment-là, Olivier Dussopt est président de l'Association des petites villes de France, et il se dit très préoccupé à l'idée que la macronie ne s'en empare. Nous en venons ainsi à évoquer le macronisme dans son ensemble, en particulier la figure du président.

Olivier Dussopt me dit ce jour-là toute sa détestation du mépris social dont il considère qu'Emmanuel Macron fait preuve. Il est assez dur envers lui.

Plus encore que je ne le suis. Il me rappelle l'épisode de Gad, durant lequel le ministre, futur président, avait qualifié les ouvrières d' « illettrées ». Quand il évoque cette scène, il a presque les larmes aux yeux.

« C'est comme s'il avait insulté ma mère », ajoute-t-il.

Trois semaines plus tard, Olivier Dussopt deviendra ministre d'Emmanuel Macron.

Fin de l'émotion et de la sincérité.

Le premier mardi qui suit sa nomination, lors des séances de questions au gouvernement, le Premier ministre Édouard Philippe désigne Olivier Dussopt pour répondre à la question d'un député de gauche. Elle porte sur le budget du gouvernement. Ce même budget que le député Dussopt avait combattu alors qu'il était député d'opposition. Édouard Philippe n'était pas obligé d'exposer ainsi Olivier Dusspot. Le nouveau ministre se lève, avance d'un pas hésitant et prend le micro pour défendre ce qu'il contestait la veille, avec la même conviction apparente. C'est une scène traumatisante. Et je ne sais pas qui, du chef du gouvernement ou de son nouveau ministre, a eu le comportement le plus dégradant. Est-ce celui qui, ayant trahi, se lève pour signer publiquement son forfait ou celui qui a eu le cynisme de l'obliger à se déjuger publiquement ?

Je retrouverai Olivier Dussopt lors du débat sur la réforme des retraites. Voilà plusieurs semaines que les échanges sont rudes à l'Assemblée, et que le ministre est en première ligne. Un soir, dans l'hémicycle, je le vois sortir de sa sacoche des mots croisés. Il est assis au banc des ministres et je l'observe. Le moment est particulier. Plusieurs fois, au cours de ces derniers jours, la tension est montée très haut. Dussopt a même été traité d'assassin par un député La France insoumise et s'en est montré très affecté. J'ai détesté ces attaques pour leur violence et leur caractère indigne. Je sais qu'il est épuisé, mais je ne peux m'empêcher de trouver son attitude peu repectueuse de sa fonction.

Nos regards finissent par se rencontrer. Le ministre comprend que je l'ai vu, et – surtout – que je m'apprête à le rappeler publiquement à l'ordre. Il range aussitôt ses mots croisés, mais c'est trop tard. Je me lève pour l'interpeller. Une vive effervescence agite l'hémicycle et Olivier Dussopt se fait légitimement chahuter. Nous nous croisons à la sortie de séance. Il vient vers moi, me reproche ma dureté. Il ne peut pourtant pas ignorer la portée de son geste. Se livrer à un tel divertissement devant la représentation nationale, alors qu'il se doit de rendre des comptes à son pays, à un moment aussi sensible et important pour la vie parlementaire, était une faute que l'ancien député respecté qu'il fut n'aurait pas dû commettre.

Quelques-uns de mes collègues viendront me voir par la suite pour me reprocher à leur tour de m'être montré trop rude. Je demande à mes adversaires de l'être tout autant vis-à-vis de moi si je me laisse aller un jour au même travers.

Chapitre 24

Celui qui gâche la fête

C'est dans ce contexte qu'a eu lieu l'entrevue avec Éric Ciotti dans les salons de l'Assemblée racontée au début de ce livre. Cette conversation, au cours de laquelle le président des Républicains m'aura incité plusieurs fois à « ramasser mon gain », se solde par une rupture définitive.

Avant que les horloges de l'Assemblée n'affichent minuit et que les débats cessent aussitôt comme le veut la règle, nous apprenons que le gouvernement entend « bouger » sur la question des carrières longues. Je demande alors que cette avancée soit formalisée et que nous en obtenions la garantie. Une proposition de modification est rédigée sur une page. Deux courts paragraphes sous la forme d'un amendement au texte. Je rejoins un collaborateur du groupe LR dans le salon qui fait face à l'entrée de l'hémicycle. Depuis la salle, le tumulte de l'Assemblée se fait toujours entendre. D'abord debout, je prends la feuille et la lis. Je n'en comprends pas la rédaction. Je m'assois pour la relire. À première vue, il me semble que cet amendement n'apporte pas l'assurance que nous voulions pour tous les travailleurs ayant débuté une carrière longue avant leurs vingt et un ans. Le texte est mal écrit et le dispositif législatif qui y figure totalement inopérant. Il est tard et je m'agace un peu. Je demande des précisions à celui qui m'a apporté le texte, attendant beaucoup de ses explications. Il bafouille et manifestement ne comprend pas mieux que moi. « Mais enfin, qui a rédigé ce texte ? » Un silence. Et je finis par découvrir que le collaborateur en question n'est pas l'auteur de l'amendement. À côté de lui, un autre assistant du groupe vient d'arriver. Il n'a pas suivi la scène. Il entend seulement ma question. « C'est un amendement rédigé par Matignon. Pas par nous. » Les regards se figent et le mien se noircit. Je découvre à cet instant que l'amendement présenté comme une victoire est en fait une missive que le gouvernement a mis dans les mains de la droite. Nous nous apprêtions à relayer et soutenir la position du gouvernement. Pas la nôtre.

Jamais je n'aurais cru possible qu'un groupe d'opposition puisse se porter à la rescousse d'un gouvernement. Cet amendement était une tromperie, la méthode l'était aussi. Comment l'accepter ? Je regagne ma place dans l'hémicycle, puis interroge Olivier Dussopt sur cette « avancée ». Je lui demande de dire la vérité publiquement. Durant plus d'une heure il est interrogé par tous les groupes d'opposition sur le sujet. Il tente de noyer le poisson dans une intervention que personne ne comprend elle non plus, avant de se rasseoir, mutique. La tromperie et les mensonges étaient signés. Nous n'obtiendrons pas ce que nous avions considéré comme une condition incontournable. Je ne supportais pas l'idée d'en être le complice consentant.

Le lendemain de la clôture des débats à l'Assemblée, j'apprends mon éviction par une dépêche de l'AFP. La veille au soir, la discussion s'était focalisée sur les carrières longues. Toutes les oppositions et une partie de la majorité présidentielle avaient soutenu notre bataille. Acculé, Olivier Dusspot avait eu du mal à cacher que ses engagements relevaient d'une mascarade.

La décision me concernant me paraît dure, bien qu'assez prévisible. Mais au moment où je cesse d'être vice-président délégué des Républicains, c'est un autre chemin qui s'ouvre véritablement pour moi. Avec d'autres collègues députés, je m'emploie encore plus librement à mettre l'accent sur les contradictions du projet soutenu par le gouvernement, lequel, comme pris de court, se montre souvent incapable de répondre à nos questions et de contrer nos arguments.

Arrive, le 15 mars 2023, la réunion de la commission mixte paritaire. Cette commission, composée de sept députés et de sept sénateurs, doit permettre de trouver un accord sur la réforme en rédigeant un texte commun. On ne connaît pas, durant toute cette journée, la nature des discussions. La règle de la commission mixte paritaire est d'être secrète jusqu'à son issue. C'est un moment un peu opaque, durant lequel tout le monde attend que le texte soit enfin révélé. Nous attendons surtout de savoir si la mesure sur les carrières longues a été finalement adoptée.

En début de soirée, je reçois un texto de mon président de groupe : « C'est bon ! Le gouvernement a lâché, on a ton amendement ! » Autour de moi, je vois mes collègues et amis députés heureux que nous ayons réussi. Pour mieux nous convaincre que nous avons gagné la partie, nous recevons quelques instants plus tard une photo, prise à la sauvette, du texte issu de la commission. Quatre lignes censées réviser la réforme et la rendre plus juste. Nous sommes dix à lire ces lignes, et personne n'en comprend encore une fois la formulation. Pourtant, sur Twitter, à la télévision, dans une conférence de presse, on annonce déjà que « l'amendement Pradié a été adopté ». Je m'isole à la bibliothèque de l'Assemblée et tente de décrypter le sens de ces formules sibyllines. Trente minutes plus tard, je sais que ce texte est un leurre. Il ne changera rien et la prétendue avancée est un gigantesque piège.

Quelques instants après, une sénatrice LR, membre de la commission mixte paritaire, se précipite devant les journalistes pour affirmer l'inverse. L'amendement Pradié n'est pas adopté. C'est un moment de grande confusion, où les informations les plus contradictoires circulent.

Seuls quelques collègues députés, appartenant à d'autres familles politiques, sont catégoriques : l'amendement n'a pas été retenu. Le comble est que ce sont eux, plus que nous, qui démasquent cette nouvelle mascarade. À la fin de la soirée s'installe un malaise. Certains à droite maintiennent leurs déclarations de départ, tels des maris trompés qui ne voudraient pas s'avouer leur infortune. Quel gâchis.

Chacun, pourtant, doit bien constater qu'il y a eu tromperie. Le mensonge ne s'arrête d'ailleurs pas là : quelques semaines plus tard, un nouveau rapport du Conseil d'orientation des retraites démontrera que cette réforme des retraites adoptée est en réalité improductive. Il faudra d'autres réformes autrement plus audacieuses pour espérer donner un avenir durable à notre modèle. En quelques mois, plusieurs des engagements dits « ligne rouge » que la droite avait posés ont été foulés du pied par le gouvernent, comme la ponction sur les fonds de la caisse complémentaire AGIRC-ARRCO. La Première ministre avait juré qu'elle ne le ferait pas. C'est pourtant ce qui s'est produit.

Restent les dégâts causés par ce mauvais coup porté à la démocratie. Je suis convaincu que cette réforme a produit dans notre société des fractures profondes. Elle a marqué la fin du dialogue social et abîmé l'idée même d'une réforme juste.

Mon engagement m'a valu toutes sortes de reproches. Mais le temps passant, aucune haine ne subsiste en moi. Dans la complexité de la bataille menée ou dans la dureté du conflit, nous avons appris à mieux nous connaître, mes amis politiques et moi.

Certains m'ont rendu un grand service en m'aidant à étayer un peu plus mes convictions.

L'un d'entre eux m'a rendu un plus grand service encore : me donner une liberté.

C'est ici l'occasion pour moi de le remercier.

Chapitre 25

Accoutumance

Lundi 20 mars 2023, je suis invité au micro de Sonia Mabrouk pour préciser ma position sur le vote de la motion de censure transpartisane portée par le groupe Liot. Cette motion de censure est la suite logique de l'annonce de l'utilisation du 49.3 par le gouvernement pour faire passer en force et sans vote des députés sa réforme des retraites. Dès le vendredi, j'ai laissé entendre que je pourrais voter cette motion, mais ma décision n'est pas encore arrêtée.

En réalité je m'interroge encore, passant le week-end loin des appels téléphoniques des uns et des autres. Le dimanche, ma décision est prise. J'échange avec Gérard Larcher, le seul à qui j'annonce clairement ma décision : « C'est une sacrée responsabilité » me dit-il. En vérité, il ne cherche pas à me dissuader de poursuivre, mais il me rappelle avec sagesse que ma décision pèsera et bousculera les lignes. Il avait raison.

Sur les antennes d'Europe 1, je vais donc annoncer officiellement que je voterai la censure. Un quotidien national se prétendant bien informé a cru pouvoir annoncer le contraire la veille au soir. Ce qui produit une petite tension parmi les équipes d'Europe 1 qui se demandent si je n'aurais pas flanché durant le week-end. Quant à moi, je mesure bien la responsabilité que je suis en train de prendre et qu'il me faudra assumer.

« Oui, je voterai la motion de censure transpartisane. J'ai pris cette décision en patriote qui ne supporte plus de voir le spectacle de l'affaiblissement démocratique. »

Pour moi, tout est dit. Chez Les Républicains, la consigne inverse a été donnée, et la pression sur ceux qui sortiraient des rangs est puissante. Le vote a lieu dans l'après-midi, les urnes sont installées dans les salons du palais Bourbon, et seuls les députés qui souhaitent la censure s'y rendent. Les autres ne sont pas tenus de participer au vote. Notre groupe est à ce point méfiant que certains collaborateurs sont chargés de surveiller, plus ou moins discrètement, l'arrivée des députés qui s'apprêtaient à aller dans notre sens et qui ne l'avaient pas dit si clairement jusque-là. Les élus en question s'approchent puis font demi-tour, reviennent dans les salons, et regardent s'ils sont seuls avant d'aller voter.

Au moment des résultats, petit séisme. Contrairement aux pronostics, ce ne sont pas un ou deux députés Républicains qui ont approuvé la motion dans un geste d'« aventure personnelle », mais finalement dix-neuf. Presque un tiers du groupe. Il faut trouver un responsable, et on estime rapidement que mon intervention du matin sur Europe 1 a changé la donne.

Le gouvernement d'Élisabeth Borne est maintenu à neuf voix près. La Première ministre considérera que c'est une victoire. Chacun en jugera.

Pour mieux comprendre ce qui s'est passé, il faut s'intéresser à ce qui a précédé le vote de la motion de censure.

Après avoir promis qu'il ne passerait pas en force, le gouvernement comprend qu'il n'aura pas de majorité à l'Assemblée et déclenche le 49.3 le jeudi 16 mars, en plein après-midi. Depuis quelques heures déjà, la rumeur enfle. Il est 15 heures, et l'hémicycle électrisé attend la reprise des débats et l'arrivée des ministres. Il faut imaginer la scène : tous les députés, presque sans exception, sont présents et attendent la Première ministre Élisabeth Borne. La présidente de l'Assemblée ouvre la séance. Elle est contrainte de la suspendre aussitôt car les membres du gouvernement sont en retard. À un pareil moment, le pouvoir n'est pas représenté et la séance ne peut donc pas se tenir. Le premier à faire son apparition dans l'hémicycle, vers 15 h 30, est Franck Riester, ministre des Relations avec le Parlement. Il est accueilli par des huées et je le vois totalement désorienté. Suit Gabriel Attal, conspué lui aussi, qui se précipite sur son banc et s'y assoit en rentrant les épaules. Enfin, Élisabeth Borne fait son entrée. L'hémicycle est tellement agité qu'elle se fige, statique, au pied des députés. Franck Riester est obligé de lui indiquer sa place qui est pourtant toujours la même. Du jamais-vu pour moi. Quelques minutes plus tard, debout à la tribune, la Première ministre officialise le déclenchement de l'article 49.3.

La suite de l'histoire, chacun la connaît.

Ce jeudi midi, pendant la pause des débats, alors que la rumeur de l'usage du 49.3 continue d'enfler, je pars déjeuner. Je traverse la cour de l'Assemblée. Les fenêtres du bureau du président du groupe LR sont grandes ouvertes. Éric Ciotti et Olivier Marleix, feutre à la main, font le pointage du vote des députés sur l'angle du bureau. Après avoir assuré au gouvernement que leurs troupes voteraient comme un seul homme en faveur de la réforme des retraites, personne n'est plus sûr de rien. La majorité négociée est devenue incertaine. Comme on me l'apprendra ce midi-là, quelques heures avant l'annonce de la Première ministre, deux coups de fil ont été passés. Le premier à Aurore Bergé, présidente du groupe Renaissance, le second à Élisabeth Borne. En réalité le déclenchement du 49.3 est venu de la droite. Le vote des députés n'aurait arrangé personne. Ni le gouvernement qui risquait de perdre la bataille, ni ceux qui, ayant garanti le vote de la droite, y abîmerait leur autorité et leur crédit. De la complicité tactique à la collusion, il n'y a qu'un pas qu'il est parfois dangereux de franchir.

Notre « rébellion » s'explique par ce sentiment d'avoir été trahi. En votant la motion de censure, nous avons, au fond, voulu réhabiliter deux notions essentielles. D'abord, le devoir des représentants du peuple de rester libres de leur jugement et de leur choix. Ensuite, l'exigence de clarté. Comment aurions-nous pu être contre la réforme des retraites et ne pas nous opposer à son adoption aux forceps du 49.3 ?

Le pouvoir exécutif était légitime dans sa volonté d'utiliser cet article comme l'y autorise la Constitution. Les députés l'étaient tout autant dans celle d'utiliser la motion de censure que leur offre la même Constitution. C'est une application presque naturelle de l'équilibre des pouvoirs.

L'accoutumance est un mal qui disqualifie l'ensemble des politiques. Elle enfante le populisme et encourage les citoyens à aller vers davantage de radicalité. C'est contre ce fléau que nous avons été plusieurs à nous élever, ce lundi 20 mars 2023.

Chapitre 26

Les nouveaux doloristes

Depuis quelques années s'est développé un quasi-courant de pensée qui s'ignore. Ce courant est celui des doloristes. Ceux qui croient en une vertu inévitable de la douleur infligée au peuple. Les Français seraient coupables. La responsabilité politique consisterait donc à les remettre dans le droit chemin. La situation folle de nos dépenses publiques serait de leur faute. Pas de celle de leurs dirigeants. Dès lors, plus la décision politique est brutale, plus elle apparaît comme à la hauteur du défi. Le courage se mesurerait à la dureté de la mesure. Peu importe l'injustice ou la faible efficacité, l'image de responsabilité se résumerait à la quasi-violence politique infligée aux citoyens. C'est du moins ce que certains semblent penser.

Cette approche offre un confort à ceux qui se prétendent « parti de gouvernement » et servent surtout à dédouaner les dirigeants de leur propre échec et responsabilité.

Une certaine droite cherche à culpabiliser l'opinion, à lui faire comprendre qu'elle serait, en quelque sorte, fautive de la situation qu'on lui inflige, de l'anéantissement de nos services publics, de l'affaiblissement de notre souveraineté, de notre soumission énergétique, d'une immigration incontrôlée. Cette droite-là cherche avant tout à protéger son patrimoine : une rente de 5 % des suffrages.

Et puis, il y a l'autre droite. Une droite populaire, qui essaie de penser hors de tout conformisme. Une droite qui refuse la fatalité et trouve à la démocratie des vertus.

Pour le reste, tout se passe comme si le rôle du politique n'était plus de changer les choses, mais seulement de les faire accepter telles qu'elles sont. Les hommes politiques ont perdu leurs idéaux pour gagner en tranquillité. Nous vivons sous le règne du pédagogisme et, par-dessus tout, de l'impuissance. Voilà une autre cause du désenchantement politique actuel : l'impuissance de leurs dirigeants perçue par les Français. Cette résignation, ce renoncement donnent un parfait exemple de confort intellectuel. Pour tous ceux qui manquent de courage ou d'imagination, pour tous ceux que je nomme les « gestionnaires de la fatalité », la désacralisation de la politique est un confort.

Mais cette période s'achève. Nous sommes en train de renouer avec le désir d'une politique plus consistante. Sans doute parce que les enjeux sont immenses et révolutionnaires. Nous sommes face à des phénomènes qui semblent nous échapper, comme la mondialisation que nous devons impérativement réorienter dans l'intérêt de l'humanité. En avons-nous les moyens ? Nos services publics ont été laissés dans un état de décrépitude plus qu'avancé. Certains nous diront qu'il n'y a plus rien à faire. Comment les croire après l'expérience tragique de la crise sanitaire où notre système de santé, que l'on croyait exemplaire, a été complètement débordé en quelques semaines et durant plusieurs mois ? Comment accepter l'état de nos hôpitaux ? De nos écoles ? Pour faire face à ces défis, nous avons besoin d'autres solutions que de petits ajustements décidés dans de petits bureaux. Comment supposer que nous répondrons au changement climatique sans réviser notre rapport à l'économie mondialisée ?

Le manque d'audace, de courage, d'imagination, serait le pire des services à rendre à notre pays. Ce serait ouvrir la porte aux extrêmes.

Je me sais souvent catégorique et mesure que ce n'est pas la voie la plus facile à suivre. Mais c'est le seul risque qui vaille : y croire encore. Quels que soient les risques, j'ai décidé d'avancer sur ce chemin de crête, qui est avant tout celui de l'exigence, de la fidélité à des convictions, de la loyauté vis-à-vis de ceux qui placent en nous leur confiance. Pendant la bataille contre la réforme des retraites, je me suis trouvé confronté à un choix radical, celui d'accepter ou non d'abdiquer pour conserver un poste. Mon intransigeance est une manière de me rappeler les limites du « en même temps », de la grande braderie idéologique orchestrée par le macronisme, où tout se vaut parce que plus rien n'a de valeur.

Nous devons retrouver le sens de ce qui a fait l'histoire de la droite, sa personnalité, son originalité même. Celle-ci doit dépasser son propre camp pour s'adresser à tous les Français. Je participais récemment à un débat sur la taxation des transactions financières. Au cours de cet échange, un de mes collègues s'est déclaré favorable à une telle mesure, et même à aller plus loin pour freiner la spéculation. C'est aussi mon cas : les bénéfices infra-journaliers, qui relèvent donc de la pure spéculation, ne peuvent en rien être favorables à notre économie. C'est cette spéculation effrénée, devenue folle, qui a éloigné les Français du libéralisme économique. Un autre député de notre bord s'est élevé contre toute restriction dans ce domaine.

« On n'est pas des socialistes, tout de même ! »

Par le passé, cette taxe n'avait pas été décidée par la gauche, mais par Nicolas Sarkozy, un « affreux socialiste » comme tout le monde le sait.

Cet exemple montre bien comment, peu à peu, par ignorance et laisser-aller, nous avons perdu nos repères. Trop d'égarés sont pétris de certitudes. Notre famille doit être capable de parler sans complexe de surconsommation, des sacrifiés de la mondialisation et d'ultra-libéralisme, sans avoir honte d'elle-même. A-t-on oublié que Georges Pompidou, en 1970, à Chicago, fut l'un des premiers à nous mettre en garde, à une époque où on louait les vertus de la mondialisation, contre ses ravages à venir? « L'emprise de l'homme sur la nature est devenue telle qu'elle comporte le risque de destruction de la nature elle-même. » Nous devons renouer avec ce temps, pas si lointain, où la droite savait être, elle aussi, visionnaire.

Chapitre 27

Incertitude

Il est devenu incompréhensible pour les observateurs qu'un homme politique puisse être complexe, qu'il puisse avoir ses propres contradictions, s'engager sur des sujets où on ne l'attendait pas. Ce lissage des personnalités politiques répond à une envie de facilité. On réclame d'elles de la lisibilité, de la transparence, quitte à ce qu'elles doivent mentir pour cela. Le macronisme m'a appris à me méfier, une fois pour toutes, des êtres présumés limpides. Ils sont trop ennuyeux pour ne pas être suspects. Ce que j'appelle complexité, c'est la part de sensibilité que chacun porte en soi et qui doit pouvoir s'exprimer dans le débat public.

À l'heure où j'écris ces lignes, se prépare un grand débat à l'Assemblée sur la question de la fin de vie. Une telle question n'engage pas seulement l'existence de nos droits individuels mais elle appelle toute notre société à faire un choix philosophique et moral. Une telle question ne peut être traitée en fonction des certitudes des uns et des autres. En ce qui me concerne, je confesse être dans l'incertitude.

Il y a deux ans, mon père est tombé à nouveau. Je me souviens de son hospitalisation et des semaines qui ont suivi. Il était plongé dans le coma. Le personnel médical était sceptique : « Votre père pourrait ne jamais se réveiller. »

Je me souviens de son corps droit, allongé, immobile, relié par les fils des machines. Son souffle semble suspendu.

« Je suis sûr qu'il va se réveiller », répétais-je.

Mais mon père ne se réveillerait pas.

Au bout de quelques semaines, le médecin nous a convoqués, ma mère, mon frère et moi. Dans une petite salle toute blanche, étouffante, il nous a expliqué que l'état de mon père s'était dégradé. Qu'il n'y avait plus aucun espoir, plus aucun sursaut de vie à attendre. C'était à nous de décider de la suite. Ces mots-là m'ont été insupportables à entendre. Il avait raison mais j'étais indigné, c'était plus fort que moi. Oublié le costume de député, je n'étais plus qu'un fils qui refusait d'entendre que son père était condamné à mourir.

Contrairement à l'avis des médecins, nous décidons ensemble de continuer. Sans même y avoir réfléchi. Je n'ai pas souvenir que ma mère, mon frère ou moi, nous soyons posés de question. C'était une évidence pour nous : nous devions accompagner mon père, l'aider à se battre pour vivre. Peut-être parce qu'il est en apparence plus facile de choisir la vie, aussi artificielle soit-elle, que la mort. Plus facile de faire ce choix-là, qui n'en est pas vraiment un. Le courage aurait voulu que… Peut-être. Ce médecin avait-il raison ? En tout cas, deux jours après, mon père s'est réveillé. Juste quelques heures avant que je ne reparte à Paris. Il a revu ma mère, mon frère et moi, une dernière fois.

Le droit à mourir dans la dignité, oui, sûrement. Mais pour qui ? Pour les proches ? Ou pour celui qui s'apprête à disparaître ? La fin de vie concerne autant celui qui va mourir que ceux qui le regardent partir, et qui refusent de s'y résoudre. L'acharnement vient parfois de là.

On trouve d'un côté ceux qui refusent – y compris d'aborder le sujet –, considérant qu'aider à mourir, c'est renoncer à nos principes moraux et désacraliser peut-être la seule et dernière valeur : la vie. Je me sens, d'instinct, assez proche d'eux. Davantage touché par leurs arguments.

De l'autre côté, il y a ceux qui revendiquent la possibilité de tout maîtriser, y compris leur propre fin. Nous voulons tout contrôler de nos existences. C'est l'idée illusoire d'un droit individuel à tout choisir, sa vie, sa mort. Nous ne tolérons pas que la vie puisse être artificiellement prolongée. Je suis sensible à cet argument de dignité de la vie humaine. Il appelle à définir ce qui constitue l'existence d'un homme. Mais je n'arrive pas à me convaincre qu'une certaine conception de la dignité pourrait entièrement effacer le caractère irremplaçable de la vie.

Si mon père avait eu lui-même à choisir, il aurait probablement demandé à mourir. S'il avait su qu'il passerait les vingt dernières années de sa vie – lui jadis inébranlable, si dynamique – sans pouvoir parler, sans doute aurait-il préféré abréger sa destinée.

J'ai vu mon père pleurer. Pensait-il à la mort? Peut-être. Je l'ai aussi vu heureux, vivant des instants de joie et d'émotions nouvelles inoubliables pour lui et pour nous.

Voilà pourquoi je suis incapable d'affirmer une certitude. J'ai besoin de me confronter à tous les arguments pour me décider. Telle est aussi ma conception de l'engagement politique : ne jamais faire l'économie d'une réflexion intime et personnelle quand l'essentiel est en jeu.

J'ai beaucoup hésité avant d'écrire ces lignes. Je le fais parce qu'un livre me semble plus intime que la parole publique.

Demain, dans les débats parlementaires, je ne parlerai jamais de mon père. Mais il sera là. Que je le veuille ou non.

Chapitre 28

Le temps long

Emmanuel Macron a réussi une chose, plus qu'il ne le pense peut-être : transformer le temps politique. Contrairement à son ambition revendiquée, il ne l'a pas allongé ou ralenti. Il l'a réduit, accéléré et abîmé. Fruit de l'immédiateté, son rapport au temps est le reflet de notre société. Emmanuel Macron est à cet égard banalement moderne.

Tout commence le jour de son élection. Quoi que l'on pense du personnage politique et de son action, nul ne peut contester qu'il a franchi la marche suprême en un temps record. Exit les longs chemins tortueux qui s'imposaient jusqu'ici à tout prétendant à la fonction suprême. Il fallait auparavant labourer, douter, rester en vie, apprendre à connaître le pays pour espérer, un jour, obtenir la confiance populaire. Emmanuel Macron a réussi vite. Pas seulement en politique d'ailleurs. Il n'a, dans son parcours, jamais vraiment connu le temps long.

Nous sommes constitués, en politique comme dans la vie, de ce que nous avons vécu et expérimenté.

Avancer sans rencontrer de difficultés donne inévitablement un regard sur la France et sur les Français, lui aussi fait de facilité. Je pense que l'exercice du pouvoir s'apprend. Longuement et laborieusement. Emmanuel Macron n'a pas eu le temps d'acquérir cette maturité dans sa relation au pays. Ce fut sa chance pour briller, mais l'origine de sa carence continuelle.

En mai 2017, celui qui, quelques années plus tôt, était encore inconnu des Français devient leur président. La victoire est nette et il est certain que le jeune président porte un espoir. Certes, cette élection a été opportunément perturbée par les affaires du candidat Fillon. Mais je suis convaincu d'une chose : même sans l'impact des affaires, Emmanuel Macron aurait été élu. Il incarnait l'espoir d'un monde meilleur que le candidat de la droite était incapable de représenter. En réussissant si vite et si tôt cet exploit électoral, le nouveau président propage dans l'esprit d'une bonne partie de la classe politique une idée originale : le temps long est mort. Voici venu le temps des conquêtes rapides, accessibles au plus grand nombre. Les élus sont désormais nombreux à considérer que le chemin vers la présidentielle ne passe plus par des séries de balafres et d'échecs, mais qu'il suffit d'un moment, le bon, pour s'imposer. Dès lors, le personnel politique ne se prépare plus à l'endurance, mais à l'expertise météorologique. Il faut que l'heure soit la bonne, le vent, porteur, les planètes, alignés, la température, parfaite.

Quelques semaines après l'échec cuisant de la droite à la présidentielle, j'assiste à une réunion dite «stratégique» au siège des Républicains. Les réunions les moins déterminantes portent souvent ce nom pompeux. Le bâtiment de la rue de Vaugirard, un ancien garage automobile, est d'une rare froideur. Ses murs blancs et ses longs couloirs lui donnent des allures d'hôpital psychiatrique. Dans la grande salle du premier étage, les membres du bureau politique sont tous réunis. Dans la vie d'un parti, les moments où les états-majors sont au complet sont les jours de fêtes et d'obsèques. Rarement les lendemains de défaite. Dans ces circonstances, les places se libèrent sans trop d'efforts. Cependant, il n'est jamais inutile d'être présent, ne serait-ce que pour observer les morts et compter les survivants.

Ce jour-là donc, la salle est pleine. Les mines, graves. Plus ou moins sincères. Il est toujours plus facile de mimer la peine que la joie.

Pour accéder à cette salle, il faut monter par un escalier qui donne à la démarche de chacun une allure chaloupée qui n'est pas à son avantage. Les deux portes d'entrée de la salle sont en battants, garnies de grands hublots, comme celles des paquebots. Le nôtre a déjà percuté l'iceberg.

Laurent Wauquiez préside la réunion. Il a invité pour l'occasion deux spécialistes de l'opinion chargés d'autopsier le comportement électoral des Français par classes d'âge, sexe, lieu de vie, milieu socio-professionnel. Rappelons un détail : nous venons de perdre l'élection présidentielle. J'écoute avec attention, sans bien comprendre comment tout cela nous permettra de refonder un projet politique. Dans la salle un sénateur se lève. Il n'a pas de question, mais une conviction qu'il veut nous faire partager. « Mes chers amis, les temps ont changé. Désormais il faut être candidat une seule fois. L'élection présidentielle est un fusil à un coup. Il nous faut tout savoir de la cible avant de tirer », annonce-t-il. La salle applaudit.

La certitude nouvelle est là : le temps long est mort, place au coup unique.

C'est la première fois que j'entends l'expression « parts de marché électorales ». Les politiques deviennent, à grand renfort de sondages, des spécialistes de leurs échecs. Il faut parler à nos électeurs. Seulement à nos électeurs. Chacun parlera désormais du peuple de droite, ou de celui de gauche. Le peuple dans son ensemble est, lui, devenu un horizon inaccessible, abandonné par tous.

Puisque le tir ne part désormais qu'une seule fois, il faut en maîtriser tous les paramètres et être convaincu par avance de viser juste. Cette idée folle est l'inverse même de l'histoire politique, de l'esprit de conquête, voire du jeu démocratique.

L'élection du président de la République a pris de court une génération politique qui n'a plus le temps de patienter. Emmanuel Macron l'a fait subitement vieillir, ne lui laissant plus que le loisir de trébucher. Elle passe encore pour spécialiste de la tactique, du plan de bataille théorique, mais oublie de risquer et donc de surprendre.

Pour coller à l'idéal de réussite factice et rapide, les partis politiques ont créé un outil censé y répondre : les primaires. Cette idée, venue de la gauche, a séduit jusqu'à la droite. La primaire, ou tout autre système de départage, a une vocation : donner une chance à tous. Y compris à ceux qui ne sont absolument pas prêts. L'illusion est totale. Les débats télévisés focalisent l'attention publique et, subitement, chacun pense être au centre de la vie politique. Mais tout cela est un mirage. Ces festivités agitent les personnes concernées, non la majorité des Français. Pour gagner, il faut alors s'adresser à une petite minorité et, le cas échéant, être le plus malin pour ajouter des adhérents plus ou moins réels qui viendront modifier le corps électoral. Le discours le plus réducteur a une chance d'être choisi et celui ou celle qui aura su faire le maximum de dernière minute, de l'emporter. Voilà à quoi en est réduit le choix crucial d'un candidat à l'élection présidentielle.

Avec les primaires, le divertissement a supplanté le temps long. S'il est nécessaire de choisir un candidat par une course de petits chevaux au sein d'une même famille politique, c'est que ce candidat est déjà handicapé pour affronter des obstacles majeurs.

Lors de la primaire de la droite de 2021, j'étais secrétaire général des Républicains. J'ai vécu de l'intérieur son organisation et son issue. Le soir des résultats du premier tour, je me trouvais dans la salle où les urnes électroniques ont été descellées. Le vote a eu lieu à distance. Chaque adhérent a pu exprimer son choix et, à l'heure dite, l'ordinateur central a dévoilé le verdict. Nous sommes au huitième étage du siège de la rue de Vaugirard. L'ambiance est tendue et la nervosité des représentants des différents candidats glace l'ambiance. Autour de 20 heures, les résultats tombent : deux candidats qui avaient pourtant de sérieux espoirs de réussir sont éliminés. Xavier Bertrand et Michel Barnier quittent la bataille. Le choc est brutal.

Dans la soirée j'appelle chacun au téléphone. Comme toujours dans ces moments-là, les mots sont délicats à trouver. L'échange avec Xavier Bertrand est celui qui me marquera le plus. Préparé à l'échéance présidentielle depuis des années, il avait accepté de participer à cette primaire dont il ne voulait pas, en réalité. En quelques secondes, sans même avoir eu la possibilité de concourir devant les Français, sa course est stoppée. Chacun pense ce qu'il veut du candidat, il faut néanmoins mesurer la violence du moment. Au téléphone, je demande à Xavier Bertrand comment il va. Sa réponse m'étonne par sa gravité : « J'ai échoué, me dit-il, d'emblée. Mais désormais il faut réussir pour nos idées et pour le pays. Et transmettre. » J'ai parfois vu Xavier Bertrand jouer la comédie. Ce soir-là, il ne jouait pas.

Quelques jours plus tard, arrive le second tour. Pour attendre les résultats, j'ai proposé aux candidats battus du premier tour de nous retrouver au siège.

Nous attendrons ensemble, avant d'entourer le candidat élu devant les médias. En l'occurrence Valérie Pécresse, qui l'emportera. Xavier Bertrand arrive le premier dans le hall, accompagné de son épouse. Philippe Juvin le second, avec un collaborateur, puis Michel Barnier enfin, seul. Je vais chercher chacun au pied de l'ascenseur. Nous n'avons pas réussi à trouver de salle libre pour les accueillir. Le gardien les a toutes fermées à clé et, dans l'affolement général, personne ne parvient à les ouvrir. Parfois les plus grands moments politiques sont faits de détails matériels dérisoires. Nous nous réfugions donc dans mon bureau. À mon arrivée, j'y ai fait installer la grande photographie de Chirac. Elle occupe tout le mur et l'on y voit le grand Jacques, chandail sur les épaules, au cœur du plateau de Millevaches, regardant l'horizon que lui montre un paysan corrézien, casquette vissée sur la tête.

Les convives jettent un coup d'œil sur ce portrait sans oser le commenter. Le risque est de se comparer ou de s'inspirer. Ce n'est pas vraiment l'ambiance du moment. Pendant dix minutes, personne ne parle. Xavier règle sa montre de sport, Michel vérifie la longueur de sa cravate et Philippe ne quitte pas son téléphone. À défaut de mieux, je finis par proposer des cafés et assure le service en espérant tuer le temps. Plusieurs des participants se disent sans doute qu'une marche ratée ne se rattrape pas. La blessure est trop fraîche pour envisager de remonter à cheval. Les résultats tombent. Valérie Pécresse devient notre candidate et nous prenons l'ascenseur ensemble pour la rejoindre et l'entourer lors de sa première prise de parole.

Ce soir-là, j'ai vérifié que la politique imposait d'abord de savoir encaisser. Comment s'y prépare-t-on ? Avec le temps, long et souvent douloureux. Je ne faisais pas partie des grands brûlés du moment. Mais en les observant, j'apprenais à l'être un jour.

Vous m'auriez alors demandé d'imaginer l'avenir des candidats défaits, j'aurais assuré qu'ils allaient passer à autre chose. Pourtant, plusieurs années plus tard, au moins deux de ces candidats déchus pensent qu'ils pourraient encore réussir là où ils ont échoué hier. Que la fenêtre pourrait se rouvrir. Le temps long, me direz-vous. Peut-être. Mais entre la détermination et l'aveuglement acharné, la limite est mince. En politique, elle est bien difficile à percevoir. Chez certains, cette capacité à remonter à cheval inspire de l'admiration, et chez d'autres, de la consternation.

Un midi de juin, il fait beau à Paris. Mon collègue et fidèle ami Jean-François Parigi s'est acquitté d'une mission de loyauté. Il est député de Seine-et-Marne. Il a l'âge de mon père. Nous devons d'abord notre proximité et notre amitié à nos places dans l'hémicycle. Je siège juste au-dessus de lui et il n'est pas rare qu'il tente de calmer avec bienveillance mes ardeurs lorsque j'interpelle tel ou tel ministre qui ânonne ses fiches depuis son banc. Et nous avons surtout en partage une admiration commune pour Philippe Séguin. Notre lien est fort.

Jean-François Parigi a succédé à un autre Jean-Francois, Copé. Mon collègue Parigi organise, ce jour-là, un déjeuner où nous nous retrouvons tous les trois. Chez les Anges, un restaurant où de nombreux politiques partagent, le temps d'un repas, un peu de la douceur qui leur manque. J'ai toujours eu de l'estime pour Jean-François Copé. Il a souvent soutenu l'émergence d'une nouvelle génération et je ne l'ai pas oublié. Depuis quelques temps, nos relations sont délicates. Il pense du bien d'Emmanuel Macron et je ne partage pas son opinion. Il a tendance à ne pas supporter la contradiction, et moi, à lui rappeler qu'il n'a pas contribué qu'aux grandes heures de notre famille politique. Bref, nous nous cherchons l'un l'autre.

Le déjeuner débute à merveille. Nous discutons du pays, des réformes indispensables, de la stratégie de reconquête pour notre famille politique. Il me parle beaucoup de la fonction présidentielle et je mesure alors combien elle a irrigué sa vie. Arrive le dessert et chacun est détendu. Il me raconte alors combien, depuis sa plus tendre enfance, il a été bercé par l'idée de devenir président de la République. Cette idée n'avait pas vraiment traversé l'esprit de mes parents lorsque j'étais enfant. Pour lui, c'était différent. Ses gâteaux d'anniversaire évoquaient déjà le Château. En l'écoutant, je suis aussi fasciné qu'effrayé. Et je me demande si je n'ai pas déjà pris du retard dans mes ambitions, sans pour autant regretter que mes parents m'aient épargné cette obsession.

Le café arrive et je lui lance : « Jean-François, tu sais, nous avons, toi comme moi, de la chance de faire de la politique. Parce que, dans la vie normale, nos obsessions seraient beaucoup moins bien tolérées. Elles nous vaudraient des soins intensifs ! » Au moment où je termine ma phrase, le sourire aux lèvres, je m'aperçois que lui ne rit pas du tout.

Le lendemain, je croise à nouveau mon ami Parigi qui, comme moi, semblait initialement rassuré par ce déjeuner. Entre-temps, Jean-François Copé l'avait appelé. Il était très irrité : « Tu te rends compte, il m'a traité de dingue à la fin du repas ! » De dingue ? Non ! De passionné et de hors norme, oui. Car, sans folie et sans flamme, il ne peut exister d'engagement puissant.

Le temps long peut fabriquer de grands écorchés. Il faut l'accepter lucidement dès lors que l'on s'engage dans cette voie. Accepter de consacrer sa vie à une ambition qui a de fortes chances de ne jamais aboutir. C'est le drame et la force de la politique. Ceux qui refusent ce risque, qui veulent réussir sans brûlures, disparaîtront avant même d'être véritablement apparus. Le temps long n'a pas que des vertus. Il peut aussi accompagner une vie de déceptions. Voilà pourquoi tant de candidats putatifs à la présidentielle espèrent réussir sans prendre le risque d'endurer longtemps. Ils espèrent le temps bref, la guerre-éclair qui laissera le moins de traces possibles.

Cette idée est une illusion qui s'est ouverte et éteinte avec la première élection d'Emmanuel Macron. Elle ne se reproduira pas. Chacun doit l'avoir à l'esprit.

Ce rapport au temps bref n'a pas contaminé que les candidats à la présidentielle. Il a aussi touché une bonne part du « nouveau monde » et de ses députés.

Plus que jamais, je crois au sillon creusé, aux épreuves, aux échecs, aux doutes et aux grands espoirs. Le temps long nécessite l'apprentissage, la lecture, l'écriture, les absences et le compagnonnage. La génération qui vient doit apprendre à nouer des liens qui traversent les temps et les turbulences. Parfois même en perturbant les clivages politiques.

Cette vertu du temps long est non seulement celle qui doit s'appliquer à l'aventure politique et aux temps des conquêtes électorales, mais elle est aussi ce que doit retrouver notre nation toute entière. La France ne pourra rebâtir ce qui doit l'être qu'en se fondant sur une vision à long terme. C'est à première vue une banale évidence, mais force est de constater que nous ne sommes plus capables de fixer un cap à dix ou trente ans dans notre pays. La planification n'est pas une lubie de néocommuniste. Elle est ce qui a fait la force de la France de de Gaulle et de Pompidou. Sur le nucléaire ou les grands programmes de recherche médicale, c'est une stratégie de temps long, un plan précis pour l'avenir qui a assuré nos réussites. Au prétexte que la société mondialisée va vite, le politique a oublié de prendre le temps de penser. Ces choix de long terme, de plans de construction ne doivent pas être confiés à des hauts commissariats sans légitimité électorale. C'est au gouvernement et aux représentants du peuple d'en débattre et d'en décider. C'est au Parlement, dès son installation, d'ouvrir une année de votes de grandes lois de programmation capables de fixer le cap. La première année de chaque nouveau mandat des députés devrait être consacrée à débattre et à voter, presque exclusivement, les grands plans pour la nation.

Ce temps long est la clé de notre vie politique, pour notre pays mais aussi pour le monde. J'écris ces lignes alors que la France perd chaque jour un peu plus dramatiquement de son influence et de ses positions partout à travers le monde. Les grands empires que l'on pensait disparus structurent à nouveau la planète. Chacun d'eux s'est installé parce qu'ils ont misé sur la durée. La Chine, la Russie, la Turquie ou encore l'Iran ont patiemment bâti des stratégies qui portent aujourd'hui leurs fruits. Ils ont bâti pierre après pierre leurs influences nouvelles en investissant dans leurs armées, leur influence médiatique, culturelle, sportive ou économique partout où ils ambitionnaient un jour d'assurer leur mainmise. Aujourd'hui, ces pays sont en passe de réussir là où la France échoue lourdement.

Quelque temps avant sa mort, Marguerite Duras a donné un entretien à la télévision. Elle y prédisait avec intuition ce que serait le siècle à venir. Elle décrivait un naufrage des êtres dans le flot de toutes choses. De la consommation à l'information permanentes.

Elle avait raison. Elle terminait néanmoins par une note d'espoir : « Alors il restera les mers et les océans. » Comme des gardiens immuables du temps et des cycles perpétuels.

D'aucun verront là une forme de romantisme inutile. J'y vois un message politique de premier ordre. Le temps est un repère essentiel que nous avons perdu. Peut-être même la mère des batailles.

Chapitre 29

Dignité

François Baroin me reçoit ce matin-là dans son bureau de président de l'Association des maires de France. Il est en retard, comme souvent. Il a néanmoins un atout que peu d'autres hommes politiques ont : on lui pardonne presque tout. Le charisme n'est pas qu'une question de volonté. Il en a. Certaines choses se travaillent, d'autres pas.

François sort de l'ascenseur et s'empresse de présenter ses excuses. Il salue sa secrétaire en prenant des nouvelles, comme toujours, et me fait entrer dans son bureau. L'odeur froide du tabac disparaît bientôt derrière celle, toute chaude, de la cigarette qu'il allume presque immédiatement.

Les échanges avec François Baroin ont toujours été pour moi aussi riches qu'importants. Nous y parlons de cette politique qui engage une vie et il livre souvent des conseils qu'il faut savoir saisir au vol. François Baroin a les idées très claires sur ce que sont la politique et la France. Sa vie personnelle et familiale a toujours été mise au service de l'engagement public. En tête à tête, François parle rarement pour ne rien dire. Il guide, transmet et aide à dessiner un chemin. Ses conseils sont souvent plus clairs que ses propres desseins. En politique, ceux qui ont du talent manquent parfois d'ambition, tandis que les moins talentueux, eux, en débordent. Compenser le vide de charisme par un trop-plein d'ambitions est une attitude très courante, mais rarement fructueuse.

Ce qui est certain, c'est qu'il ne faut pas se fier aux sous-entendus que François Baroin peut laisser planer dans une discussion et qui, parfois, laisseraient entendre qu'il envisage sérieusement de se présenter à l'élection suprême. François Baroin et l'ambition politique aveugle n'ont jamais fait bon ménage.

Pourtant, les occasions et les amis qui ont tenté de le pousser vers l'aventure présidentielle n'ont pas manqué. François sait que la politique lui a beaucoup donné tout au long de sa vie. Il sait qu'il a eu de la chance, qu'il a été gâté. Il a aimé servir comme il l'a fait. Il est tellement conscient de cette chance qu'il n'a pas envie de la dilapider. Il est sûrement trop équilibré, lucide et amoureux de la vie pour un tel sacrifice. C'est en soi une leçon. L'aventure présidentielle nécessite pourtant d'en passer par là. Si on n'accepte pas de tout lui donner, inutile de l'envisager. Il faut donc garder longtemps la question dans son esprit, la tourner et la retourner, pour, un jour, y répondre clairement. N'y répondre qu'à moitié, c'est déjà répondre non.

Ce jour-là, nous parlons finances publiques, dette et souveraineté budgétaire du pays. La situation est grave et il n'est pas certain que les Français le mesurent pleinement. L'« argent magique » a produit un mal plus profond qu'on ne le pense.

Au milieu de la discussion, il s'arrête et me dit presque en murmurant : « Aurélien, pour la suite, il faut que tu connaisses parfaitement la France, au-delà du Lot. »

Nous voici soudainement très éloignés de la question de la dette. Il écrase sa cigarette, passe la main dans ses cheveux et ajoute : « Tu devrais commencer une tournée en outre-mer. Si tu veux connaître la France, tu dois connaître parfaitement nos outres-mers. »

Cette fois, la discussion le passionne vraiment. Elle est moins technique et plus politique que celle de notre dette nationale. Nous dépassons les chiffres pour parler d'une relation presque charnelle qui nous a plongés au cœur de l'humain. La France profonde, intime, ne s'apprend pas dans les notes du Trésor.

Je quitte son bureau une heure plus tard en emportant ce conseil initiatique, bien plus important qu'il n'y paraît.

Deux mois plus tard, j'entame une tournée dans les Antilles. Dans ma jeunesse, je n'ai jamais vraiment voyagé. L'expérience consiste ici à découvrir la France à travers des cultures et des espaces si différents de la métropole. En découvrant l'outre-mer, on ressent que le pays que l'on aime est plus beau et grand encore qu'on ne le pensait.

Ce jour-là de septembre 2023, il fait chaud et anormalement sec à Mayotte. Avec deux de mes collègues députés d'Alsace et du Pas-de-Calais, nous atterrissons sur l'île pour un déplacement d'une semaine. Notre collègue Mansour Kamardine, belle personnalité respectée à Mayotte, nous y accueille avec la chaleur de cette terre. Il est heureux de nous recevoir. Et pourtant, à Mayotte, la France perd des batailles fondamentales qui très vite pourraient être irrémédiables. Celle d'une immigration hors de contrôle, d'une démographie explosive, d'une crise de l'eau indigne, d'enfants non scolarisés en masse et d'une insécurité totale. Nous tolérons toute l'année dans le 101e département français ce que nous ne souffririons pas quelques heures ailleurs en métropole.

Nous rencontrons d'abord le maire de Mamoudzou. Il a pris du retard dans le programme de sa journée, et est en train de s'entretenir dans son bureau avec un groupe de douze femmes lorsque nous arrivons. Il nous fait entrer pour nous présenter. Ces femmes nous impressionnent immédiatement. La fatigue du voyage aidant, nous nous faisons tout petits pour les écouter, les regarder. Dans mon parcours, les personnalités publiques les plus impressionnantes que j'ai pu rencontrer étaient toutes des femmes. Elles portent en elles une autorité singulière qui devrait inciter toutes les néoféministes déboussolées à ne pas chercher coûte que coûte à effacer ce qui les différencie des hommes. En politique notamment, il n'est pas rare que la comparaison soit à leur avantage.

Chacune de ces femmes porte une tenue traditionnelle superbe. De la plus jeune à la plus âgée, leurs seuls vêtements disent le respect qu'elles ont pour l'audience que leur accorde le maire. Pour elles, ce rendez-vous est important. Leurs vêtements le montrent dignement. Leur tenue n'est pas une vitrine pour elles-mêmes. C'est une marque de déférence envers les autres. Les agités du débat public, amateurs du vêtement délabré, auraient reçu une petite mais utile leço.. de tenue de la part de ces femmes qui, malgré leurs urgences matérielles, respectent trop les institutions pour ne pas être vêtues dignement.

Toutes sont membres du collectif des « Chatouilleuses ». Elles ont demandé à être reçues pour évoquer la crise de l'eau. Une préoccupation quotidienne depuis des mois à Mayotte. Voilà plusieurs semaines que les habitants de l'île sont soumis à d'archaïques tours d'eau. Selon les heures et les jours, le réseau est coupé. Deux jours sur trois, les habitants n'ont pas d'eau courante. Le troisième jour, le liquide qui sort du robinet est marron et imbuvable. La vie est devenue un enfer et les conséquences sont désastreuses. Aucun habitant de métropole n'accepterait pareille situation. L'État a organisé la livraison de 600 000 litres d'eau potable en bouteilles. Incapable d'apporter des solutions durables à la hauteur de la situation, le gouvernement gère la misère à coups de bouteilles d'eau. La livraison est annoncée pour le lendemain.

Un porte-conteneurs venu de La Réunion déchargera son approvisionnement sur l'île. Ces bouteilles seront distribuées uniquement aux personnes dites «vulnérables». Pour le reste de la population, rien ou presque. C'est pourquoi ces femmes sont venues interroger le maire. Aussi précisément que fermement. Le nombre exact de bouteilles, les lieux de distribution, le public concerné, les projets de plus long terme, chacune prend la parole et argumente avec méthode. À Mayotte, la parole des femmes compte.

Après une heure d'échanges, leur porte-parole s'interrompt. Elle regarde l'élu et pose ses deux mains sur la table basse.

«Monsieur le Maire, je veux terminer par la question la plus importante : qui va distribuer les bouteilles? Est-ce l'armée comme nous l'avons entendu dire à la radio ce matin?» demande-t-elle.

Sa voix est soudain empreinte d'une solennité qui nous saisit tous. L'armée? Quelle importance, me dis-je, peu importent les modalités de distribution. L'essentiel est que l'approvisionnement ait lieu. Cette femme poursuit en se redressant plus encore sur son fauteuil :

«Monsieur le Maire, l'armée, c'est pour la guerre. Nous, Français, nous ne sommes pas en guerre. Nous sommes des citoyens français qui demandons le plus primaire des droits, celui de l'accès à l'eau. Il n'est pas acceptable que nous subissions des files d'attente devant des camions de l'armée pour obtenir une pauvre bouteille. Les gens vont se battre pour en obtenir une. Il est hors de question de donner un spectacle indigne des Majorais», déclare-t-elle.

Elle s'arrête un instant avant de conclure : «Nous tenons plus que tout à notre dignité.»

La dignité. Il faut mesurer ce qu'est la vie de ces femmes. Elles, leurs enfants, leurs familles n'ont plus accès à l'eau courante depuis des semaines. Tous sont en danger et pourtant, elles sont venues dire au premier magistrat de la ville que l'important restait et resterait leur dignité. Combien d'entre nous, vivant dans des conditions aussi dégradées, se seraient préoccupés de ce qui apparaît à première vue comme secondaire et qui ne l'est pas : la dignité? L'ultime sauvegarde, le repère primordial de ceux qui ont tout perdu. Pour moi, le cœur des batailles que nous avons aujourd'hui à mener. Partout, tout le temps.

Le mot «dignité» avait déserté le débat public depuis plusieurs années. Il ressurgit aujourd'hui comme une ardente exigence que chacun porte avec force, parfois avec virulence. La dignité touche à l'essentiel. Et comme pour tout ce qui est essentiel, sa défense ne peut inspirer que les plus grandes radicalités. Je suis convaincu que nos crises démocratiques, sociales, politiques, civilisationnelles prennent leur racine dans cette perte des dignités.

Notre démocratie avait perdu de vue cette notion, la considérant comme acquise. Il s'agissait d'une réalité consubstantielle à l'idée même de République.

Inutile de se battre pour la préserver. La bataille avait été menée et gagnée.

Mais les temps ont changé. Nos sociétés font face aux défis de la modernité qu'aucun des républicains fondateurs n'aurait pu anticiper. La perte de dignité se glisse alors dans chaque détail de la vie moderne des Français et plus largement des peuples des pays développés.

Un samedi de mai, il fait beau dans le Lot. Le soleil est clair et commence à réchauffer le fond de l'air. On retrouve sur le Causse de Labastide-Murat cette lumière que Claude Pompidou, amoureuse du Lot et de Cajarc, comparait à celle de la Grèce. J'entame mes permanences à la mairie, sous le ciel lotois de la Grèce.

Dans le couloir d'entrée une femme patiente. Elle sera la première des dix rendez-vous de la matinée.

C'est la mère d'une petite fille de six ans. Elle m'en informe dès sa première phrase alors que nous nous sommes à peine installés autour de la table de travail. Son ton est calme et posé. Elle en vient très vite aux faits, sans fioritures. Sa petite fille est autiste et, depuis ses trois ans, elle se bat pour lui permettre d'être scolarisée. Cette maman ne revendique rien. Elle est elle-même cadre dans la fonction publique. Elle connaît les rouages de notre administration, mais cette fois elle ne sait plus que faire pour franchir le mur qui empêche sa petite fille d'accéder à l'école de la République. Un blocage intolérable alors que les slogans gouvernementaux ne parlent que d'inclusion et dégoulinent d'autosatisfaction. La ministre déléguée chargée des Personnes handicapées annonce une scolarité assurée pour tous les enfants. Les éléments de langage sont faits pour endormir les sceptiques et chacun est prié de se réjouir. Les mauvaises nouvelles encombrent le nouveau monde. L'indignation n'est plus à la mode.

Les faits, eux, sont pourtant violents de déception et de désillusion. La dernière possibilité de scolarisation de la petite Léa ne dépassait pas les six heures par semaine. Deux petites demi-journées pour ne pas perturber les repas du midi que personne ne savait encadrer correctement. La petite fille et sa maman étaient priées de se faire oublier dès la sonnerie de midi approchant. Cette situation n'est pas isolée et j'interviens presque chaque semaine pour démêler ce type de cas. Je prévois d'écrire au ministère pour rappeler les obligations de l'État et espérer qu'une solution soit trouvée. L'idée même d'une intervention est reçue comme une bonne nouvelle par la maman. Pourtant, je ne suis pas certain qu'elle suffise à régler le problème. L'entretien se termine. Nous nous levons et je m'apprête à la raccompagner à la porte du bureau. La maman remet sa veste en jean. Elle me regarde et, en un instant, son visage se ferme. « La dignité, monsieur le Député », me dit-elle. Son changement de ton me saisit autant que ses mots. Elle ajoute : « Je me bats pour la dignité de ma fille et la mienne. » Cette femme n'était jamais venue voir un élu pour solliciter de l'aide. Elle avait construit sa vie, était fonctionnaire depuis le début de sa carrière, n'avait pas de difficultés financières. Son mari et elle n'avaient jamais douté de ce que la République savait apporter à chacun de ses enfants. Probablement qu'eux-mêmes ont vécu par leur parcours la reconnaissance de l'effort et du mérite. Ils croient en la promesse républicaine, comme à une évidence naturelle.

Mais ce jour-là, cette citoyenne n'y croyait plus. Voir l'école de la République incapable de donner naturellement une chance à sa fille au prétexte qu'elle était différente la confrontait à une injustice dont elle ne soupçonnait pas qu'elle puisse exister. Et le mot qu'elle employait pour me le dire était celui-ci : «La dignité». Il y avait là beaucoup plus que de la colère. J'y percevais autant une immense désillusion qu'un appel au sursaut. Dans l'angoisse qui était la sienne, elle était venue me dire ce qu'elle attendait de moi : que je me batte à ses côtés.

Son angoisse n'était pas seulement liée à la situation de sa petite fille. Elle craignait aussi de me voir fléchir face à une telle situation. Comme un état de fait que je ne tenterais même pas de changer. La pire des indignités est celle des responsables publics qui renoncent à se battre, qui s'habituent à l'inacceptable. À grands coups d'excuses techniques... Cette maman a attendu la fin de notre échange pour me parler de ce qui compte pour elle plus que tout : la dignité.

La scolarisation de cette petite fille apparaîtra à certains comme un épisode parmi d'autres sur lequel je ne devrais pas m'attarder trop longtemps, sous peine de brouiller ma vision d'ensemble. Je crois strictement l'inverse. Aucun grand dessein politique ne peut se bâtir sans conscience du devoir de justice.

Autre scène. Nous revoilà rue de Vaugirard, au siège des Républicains. Dans la salle du rez de chaussé se réunit un nouveau comité stratégique rassemblant quelques dirigeants plus ou moins légitimes du parti. Il y a autour de la table des élus et quelques battus. Les plus bavards sont généralement ceux que les électeurs ont renvoyés dans leur chaumière. Pour survivre en politique, d'aucuns préfèrent oublier leur défaite. La mémoire courte sauve autant les poissons rouges de l'ennui de l'aquarium que certains politiques de la douleur de l'échec. Ce jour-là, la salle est bien remplie. Il est tôt et je dois avouer que ce type de réunion n'est pas toujours la meilleure manière pour moi d'entamer joyeusement la journée. J'y participe avec le plus de régularité possible, bien que certains gradés déchus se fassent un plaisir de me prendre pour cible afin de soulager leur amertume.

La réunion se termine. Chacun quitte la salle, certains repartent à l'Assemblée, d'autres au Sénat et quelques-uns restent, un peu désœuvrés, dans le grand hall d'entrée blanc banquise.

En sortant, sur le trottoir, je tombe nez à nez avec un de mes collègues, membre du fameux comité.

Il m'entreprend en me disant combien mon combat sur les carrières longues lui semble dérisoire au regard de l'enjeu de la réforme elle-même. Il s'agace. Doctement, il me fait comprendre que la politique est une affaire de vision haute et large. Pas de situations individuelles. La respectabilité de la chose publique se mesurerait, selon lui, à sa distance par rapport à la vie des Français. Il est vrai que, vus du ciel, les défauts du sol s'estompent. Ils sont bien là, mais invisibles.

Je tente de l'interrompre. En vain. J'argumente. En vain. J'en viens alors à lui rapporter une scène, vécue la semaine précédente dans une rue à Cahors. Quelques jours plus tôt, alors que je me rends à pied à la préfecture pour une réunion, un homme d'une cinquantaine d'années me croise. Il a l'allure robuste. Il me serre la main avec solidité et, sans plus attendre, me parle de sa retraite.

Il a commencé sa carrière à dix-sept ans et a été maçon toute sa vie. Il n'avait pas vraiment besoin de me le dire, ses mains parlaient pour lui. Une période d'arrêt maladie sur la fin de sa carrière, une opération du dos me raconte-t-il : « J'étais broyé. Ils m'ont retapé tout ça. ». Sa retraite, il devra attendre soixante-quatre ans pour l'obtenir avec la nouvelle réforme. Il n'est pas éligible au dispositif limitatif des carrières longues. Lorsqu'il m'a croisé, il sortait à peine d'un rendez-vous avec la médecine du travail. Son dossier de pension d'invalidité avançait bien. Il y serait éligible et terminerait donc sa carrière jusqu'à la retraite avec un revenu non plus issu de son travail, mais de l'assistance. Alors qu'il me raconte en quelques minutes tous les détails de sa situation, il ne lâche pas ma main, la presse un peu plus fort quand il veut insister sur un point. Ses yeux bleus sont plantés dans les miens. Alors que je me dis que tout est en ordre pour lui, puisque son dossier avance sans encombre, ces mêmes yeux perçants s'embrument. Sa voix n'a plus la moindre hésitation : « Monsieur le Député, je n'ai jamais demandé quoi que ce soit. Je ne veux pas de cette pension. Je veux prendre ma retraite puisque mon travail m'a trop abîmé pour continuer. Je veux juste terminer aussi dignement que j'ai commencé. Sans être dépendant de toutes ces aides. »

Rien de ce à quoi ce travailleur avait droit n'était illégitime ou infondé. Il répondait aux critères et il pouvait être aidé comme il se doit. La règle était respectée, mais pour lui c'était sa dignité de travailleur qui serait atteinte. En pensant faire le bien pour tous, uniformément, nous faisons souvent un mal invisible et pourtant profond.

Sur le trottoir de la rue de Vaugirard je relate cet échange à mon collègue, lequel s'impatiente un peu plus encore et s'exclame : « Nous n'allons pas nous arrêter aux larmes de chaque Français. »

Sur ce, il tourne les talons après m'avoir serré la main sans me regarder.

Cette attitude qui consiste à considérer de haut les êtres et les réalités porte un nom : la métapolitique. Elle manie les grands concepts et adore les abstractions.

Pour donner de la profondeur à sa posture, elle philosophe beaucoup. En oubliant trop souvent de mettre en cohérence sa théorie avec la vie des citoyens. Comme elle s'avère impuissante et essuie continuellement des déroutes électorales, cette droite du concept désincarné se pare d'une vertu qu'en réalité elle n'a pas : le courage. À entendre ses représentants, il y aurait du courage à résumer la politique non pas à sa capacité à changer la vie de nos concitoyens, mais à laisser perdurer de vastes approches totalement déconnectées du réel. Lorsque, aux élections européennes de 2019, la droite a échoué massivement, certains ont réussi à voir dans ce fiasco la preuve de leur courage. Pour les tenants de la métapolitique, il y a presque plus de panache dans la défaite que dans le fait d'obtenir la confiance d'une majorité de Français. Comme si notre peuple ne nous méritait pas. Ni cette élection ni les deux dernières présidentielles n'ont été suivies chez les Républicains de la moindre remise en question. Il y en a encore parmi nous pour expliquer que notre constance paiera un jour ou l'autre.

Peu à peu, les partis politiques se sont habitués à leurs échecs. Notamment à droite. Peu à peu, nos objectifs ont été revus à la baisse, jusqu'à devenir dérisoires, et nos chefs se sont accoutumés à perdre sans estimer justifié pour autant de se retirer.

Cette posture doloriste est à mes yeux insupportable et coupable. Insupportable parce qu'elle excuse tous les fiascos et empêche toute remise en question profonde, nous assurant ainsi d'aller d'échecs en échecs avec la même constance. Coupable parce qu'elle aboutit à oublier les Français. Peu à peu, nos objectifs ont été revus à la baisse, jusqu'à devenir microscopiques. Il arrive que nous nous imaginions «enjamber» une élection, comme si nous espérions ainsi échapper au verdict démocratique. Il faut réhabiliter un principe simple en politique, celui de la responsabilité. Quand un parti est désavoué, ses chefs doivent en tirer les conséquences afin de pas abîmer la dignité de la fonction politique. Fut un temps, pas si ancien, où le retrait du chef n'était pas une marque de lâcheté mais d'honneur.

En 2019, au lendemain d'élections européennes désastreuses pour Les Républicains, Laurent Wauquiez préside le parti. Le scrutin a lieu le dimanche et, dès le mardi, nous nous réunissons en réunion de groupe, dans une salle dédiée de l'Assemblée. La tension est extrême. Nombre des nôtres n'ont qu'un impératif en tête : la démission de Laurent Wauquiez qui, à leurs yeux, se doit d'endosser la responsabilité de la défaite. Mais personne n'ose prendre la parole. Nous ne sommes que deux jeunes députés à le faire. Pour ma part, je fais état d'un sentiment perceptible dans le pays reprochant à la droite de ne pas être sincère. Laurent Wauquiez est concerné, mais nous le sommes tous. Longtemps, je crois qu'il m'en a voulu de ce constat. Pourtant, en m'exprimant là où d'autres avaient préféré s'en tenir à des attaques masquées, je respectais sa fonction de chef. Quelques jours plus tard, Laurent Wauquiez présenta sa démission.

Quel que soit le jugement qu'on puisse porter sur l'intéressé, à mes yeux il a gagné ce jour-là en respect et en honneur. Accepter la dureté d'un verdict du peuple est l'épreuve la plus difficile qui soit en politique. Et pourtant elle est souvent le départ d'une reconstruction autrement plus solide. Cette règle ne pourra plus être contournée par personne à la tête de notre famille politique. Chaque responsable public détient une parcelle de l'honneur de la politique dans son ensemble. À nous de ne pas l'oublier et d'en accepter la règle, quelles que soient nos fonctions.

Rien ne saurait être laissé au hasard dans la reconstruction vitale de la confiance entre le peuple et ses élus.

Des chefs qui ignorent leurs échecs, des ministres fautifs qui se maintiennent, des verdicts électoraux ignorés, des votes du Parlement contournés, chacun de ces épisodes participe d'un même effondrement démocratique. Parfois, il ne s'agit pas seulement d'ignorer le vote des Français. Mais de les rendre coupables de nos propres erreurs.

En décembre 2017, Cahors rassemble l'ensemble du gouvernement français. Édouard Philippe a décidé de délocaliser ses ministres et de les mettre au vert. L'opération durera trois jours entiers. Des réunions se succèdent dans le Parc des expositions de la ville. Le Lot a rarement vu défiler autant de voitures officielles que durant cette période. Chacun est honoré et personne n'a l'idée de se plaindre. Moi-même je participe à plusieurs rencontres durant ces journées. Le dernier soir, nous sommes conviés à un dîner dans un restaurant emblématique de Cahors, Le Balandre. Ici la maison est familiale et les valeurs humaines et culinaires sont transmises avec rigueur de génération en génération. Je suis installé à la table de celui qui est alors Premier ministre. Il y a là les grands élus du département. La discussion est un peu anodine. Un tour de table commence. Rien d'enthousiasmant et Édouard Philippe masque assez mal son désintérêt pour l'exercice. Il tapote sa petite cuillère sur sa main et l'on voit bien qu'il hésite à se balancer sur sa chaise. À la table se trouve entre autres Martin Malvy, figure socialiste un temps omnipotente du Lot, de cinquante ans mon aîné et ancien ministre de François Mitterand. Chacun le respecte parce que l'homme a un parcours respectable. Il évoque la situation sociale de notre pays et constate son état de « fracturation ». Cette situation l'inquiète et les réformes à venir, avec leurs coûts de rabot déjà annoncés, peinent à le convaincre.

L'homme est un peu long dans son propos. Toujours par respect pour lui, personne ne manifeste d'impatience. Il finira bien par terminer sa phrase. Mais Édouard Philippe lui, n'a plus cette force-là. Il est passé de la petite cuillère à son couteau qu'il fait tourner en hélicoptère entre ses doigts. De lassitude, il finit par poser avec un quasi-dédain le couvert sur la nappe et dit : « Le rabot est injuste mais efficace pour les finances publiques. S'il faut raboter, nous raboterons. »

Un élu insiste : « Mais les Français… »

Il n'a pas le temps de terminer sa phrase, le Premier ministre tranche : « Pour les Français, nous verrons ça plus tard. »

Le café est servi et le repas se termine dans un silence d'enterrement.

Certains verront là une preuve de fermeté et donc de courage. J'y vois pour ma part un signe de lâcheté et de mépris.

La fracture au sein de notre nation empêche les réussites dont nous avons besoin. Un pays divisé est faible dans ses frontières comme aux yeux du monde. Le rassemblement du peuple est une exigence de puissance pour la France. Ce n'est pas accessoire, mais stratégique.

À l'occasion de la première réforme des retraites avortée, les députés Les Républicains avaient présenté leur projet de réforme en prenant notamment en compte les carrières longues. Lors de la conférence de presse qui suit à l'Assemblée, une journaliste nous interroge sur l'opposition des Français à ce changement. Éric Woerth, qui n'a pas encore trahi sa famille politique pour assurer sa petite réélection, prend la parole et répond, un sourire aux lèvres : « Plus il y aura de monde dans la rue, mieux ce sera. »

Chacun croit à une plaisanterie. Nous esquissons tous un début de sourire qui ferait oublier la faute de goût. Mais l'intéressé ne plaisantait pas. Nous aurions dû nous en douter au regard de ses rares antécédents en matière d'humour. La séance se termine sur ces mots. Pour lui, le courage politique, c'est le bras que l'on réussit à tordre aux Français.

En 2003, alors que la France est frappée par une canicule dévastatrice, le ministre de la Santé de l'époque tarde à s'exprimer et manifestement à pendre conscience de la gravité de la situation. Nous sommes sous la présidence de Jacques Chirac. Le pays compte déjà ses morts, quand Jean-François Mattéi se présente au journal télévisé. Il n'a pas considéré utile de faire le déplacement à Paris. Il s'exprimera donc depuis sa maison de vacances. En polo blanc. Comme un vacancier dérangé dans sa villégiature. Les vacances, le polo, lui coûteront son ministère.

Dix ans plus tard, nous voici dans l'hémicycle de l'Assemblée nationale. Le Garde des Sceaux est au banc des ministres. Il est pris à partie par Olivier Marleix, le président du groupe LR. Le ministre ne supporte pas d'entendre rappeler qu'il fait lui même l'objet d'une mise en examen. La liste des membres de la majorité présidentielle eux-mêmes inculpés ou condamnés n'est pas mince. Cette désagréable situation lui est rappelée. La réplique du ministre est claire. Il adresse trois bras d'honneur au parlementaire concerné. Dans cette enceinte, ce sont pourtant les députés qui, seuls, représentent le peuple. Le geste du ministre est d'une violence symbolique inouïe.

À cet instant, le ministre aurait eu une raison sérieuse de présenter sa démission. C'est ce même ministre qui ira quelques semaines après donner des leçons éducatives aux parents d'enfants délinquants. C'est aussi lui qui interpellera directement la jeunesse en lui demandant d'arrêter «les conneries». Sans exemple digne, il n'y a pas de leçons possibles.

Entre le polo et le bras d'honneur, près de vingt ans se sont écoulés et à travers eux on a vu s'effondrer un pan essentiel de notre démocratie : celui de la dignité et de l'honneur en politique.

Je n'étais pas né quand Georges Pompidou présidait aux destinées de notre pays. Mais j'ai souvent écouté les mots et observé le visage qui étaient les siens ce 24 septembre 1969, dans la salle des fêtes de l'Élysée où il donne une conférence de presse. Le cérémonial paraît aujourd'hui désuet dans son esthétique. Une table nappée fait face à un parterre strict de journalistes. De part et d'autre du président, les membres du gouvernement bien ordonnés les uns à côté des autres. On devine presque sur les images que leurs costumes ont tous la même couleur pour ne pas détourner l'attention du seul qui compte à cet instant : le chef de l'État. Depuis son estrade légèrement plus haute, Georges Pompidou préside.

Ce jour-là un journaliste se lève à la toute fin de la rencontre. Ses mots sont empreints de gravité et d'une délicatesse rare. Il sort, comme il le dit, de l'épure du moment pour interroger Georges Pompidou sur le scandale du moment : l'affaire Russier.

Gabrielle Russier était une jeune enseignante de trente-deux ans, elle tombée amoureuse d'un de ses élèves âgé de dix-sept. La morale et la loi interdisaient cette relation. L'enseignante est condamnée. Avant même le verdict de l'appel et pour ne pas risquer de connaître à nouveau la prison, elle a mis fin à ses jours en ouvrant le gaz dans son appartement. Cette issue fatale que Gabrielle Russier avait choisi bouscula le pays dans ses certitudes.

Pour répondre à une question à son sujet qui n'était évidemment pas préparée, Georges Pompidou choisit de citer Paul Éluard :

Moi mon remords ce fut
La victime raisonnable
Au regard d'enfant perdue
Celle qui ressemble aux morts
Qui sont morts pour être aimés

L'Histoire a retenu ces vers et la profondeur de la parole présidentielle dans cet instant rare. Mais le plus frappant, c'est le silence et l'hésitation du chef de l'État avant de s'exprimer. Son visage déjà marqué par la maladie oscille de longues secondes entre sourire et tristesse. Le sourire de celui qui se remémore les vers d'une poésie qu'il aime, tout en n'oubliant pas le drame qui s'est joué. Puis il se lance comme dans le vide et l'on sent dans sa posture que les vers qu'il s'apprête à citer sont un risque qu'il assume avec retenue et une extrême décence.

« Je ne vous dirai pas tout ce que j'ai pensé d'ailleurs sur cette affaire. Ni même ce que j'ai fait », ajoute-t-il.

Dans ce moment, non seulement la parole présidentielle et politique a gagné en dignité. Mais les citoyens qui l'ont entendue ont eu le sentiment d'être respectés. De nombreuses années après, nous ne savons toujours pas ce qu'était le fond de sa pensée ni même ce que purent être ses interventions dans cette affaire. Georges Pompidou a fait un autre choix : donner aux Français les clés pour réfléchir à la complexité du sujet. La torture entre l'amour et la morale. Entre la liberté indomptable des sentiments humains et l'ordre nécessaire d'une société humaine. « Comprenne qui voudra », précise alors le président. En quelques mots, sans se dévoiler, il a incité ses concitoyens à élever leurs propres pensées.

Ce matin-là à Paris, ma nuit a été courte. La séance à l'Assemblée s'est prolongée tard dans la soirée. Nous sommes en pleine crise sanitaire et débattons au pas de charge de la loi d'état d'urgence. Le réveil est difficile. Je sors courir sur les quais de Seine pour me détendre. En ce milieu de matinée, Paris est quasi désert et chacun se souvient, comme d'une fiction, des limitations et règles ubuesques de déplacements qui s'appliquaient alors à nous. Me voilà près du palais Bourbon. Je descends sur les quais. Je cours un kilomètre et ne croise pas âme qui vive. Au loin, j'aperçois deux hommes qui marchent lentement.

Ils me fixent. Quand j'arrive à leur niveau, ils me font signe de m'arrêter. Ce sont deux policiers en civil. Ils me demandent une pièce d'identité. Très vite ils me font savoir que je suis en infraction : pratiquer la course à pied à cette heure-là dans Paris n'est pas autorisé. Crise sanitaire oblige. Je l'ignorais et présente mes excuses. Comme ils me demandent où je réside, j'en viens rapidement à leur préciser que je suis député. L'un des deux policiers m'invite à rejoindre très vite mon lieu d'hébergement. Mais avant que je fasse demi-tour, il me dit d'un air las : « Monsieur le député, regardez ce que l'on nous demande de faire. Voilà trois heures que nous parcourons les quais pour contraindre les coureurs à rentrer chez eux. Il est temps que tout cela se termine. Vraiment. »

Au regard de ce que nous avons vécu durant cette période, cet épisode peut paraître banal, tant nous nous sommes collectivement habitués à des privations de liberté massives que nous n'aurions jamais imaginé devoir subir. Mais, plus encore, nous avons pris l'habitude d'une puissante déresponsabilisation. Dans nos déplacements, nos gestes du quotidien, nous sommes devenus des assistés permanents. On nous a dit comment nous laver les mains sur les petites pancartes qui jalonnent l'espace public, on nous a précisé au moyen de petits cercles ludiques tracés sur le sol à quelle distance nous devions nous tenir de votre voisin au guichet de la SNCF. Des détails anodins sans doute, mais dont la multiplication dans chaque recoin de notre vie sociale est devenue désormais flagrante. Il y a là un continuum d'infantilisation dont la parole politique elle-même, singulièrement avec la macronie, use et abuse.

Emmanuel Macron a passé un cap dans ce domaine dans sa façon de s'adresser aux Français. Certaines de ses déclarations sont aujourd'hui accompagnées d'un encart de synthèse de ses annonces. Alors que ses mots sont assez bien choisis pour qu'on réussisse à les comprendre, les communicants élyséens ont décidé de nous infliger des PowerPoint. L'espace visuel consacré au président est réduit de moitié et les petits tirets suivis de formules sommaires lui font concurrence. Cette méthode d'infantilisation porte un nom : le pédagogisme. Il ne se passe pas une semaine sans que les membres du gouvernement ou les députés de la majorité ne revendiquent la nécessité de renforcer la pédagogie. Leur pensée leur apparaît comme tellement puissante qu'elle nécessite d'être expliquée aux Français à grand renfort de petites images et de mots simples. Et si des désaccords se manifestent dans le pays, ils ne peuvent en aucun cas être l'œuvre d'oppositions fondées et rationnelles. La seule explication acceptable est celle de l'incompréhension. Si désaccord il y a, c'est que la compréhension des autres fut mauvaise.

Lutter pied à pied contre chaque étape nouvelle de cet effondrement de l'intelligence individuelle passe aussi par le retour d'une expression politique qui pousse chaque citoyen à s'élever.

Je ne sais pas si notre époque aime encore la liberté. Je ne suis pas certain que nous aimions encore prendre le risque de ne pas être pris par la main et de vivre selon nos choix et notre responsabilité.

L'infantilisation qui conduit à la perte de libertés et de responsabilités est une drogue dure qui avance masquée sous l'apparence de belles intentions. L'accoutumance et l'endormissement qu'elle entraîne sévissent à tous les niveaux de notre société et de nos existences. Le poison est profond et il est urgent d'entamer une cure de désintoxication. Ceux qui se veulent les plus libéraux sont étrangement les mêmes qui, durant la crise sanitaire, ont été les plus acharnés à défendre les limitations de libertés publiques. Se dire libéral est un gage de modernité pour certains responsables politiques, en particulier à droite. Ils parlent de la liberté la plus facile à assurer, celle de l'économie. Mais en oubliant ce qui fait la base même du libéralisme : la volonté de défendre la liberté des citoyens dans leurs choix de vie et l'expression de leur opinion.

De l'infantilisation à la perte de dignité, il n'y a qu'un pas. La dignité s'acquiert pour chacun d'entre nous par la maîtrise de son destin. Dans une société qui prétend tout régenter, elle devient un vain mot. Il ne se passe pas une semaine sans que, dans les permanences que je tiens comme député, je mesure combien la stagnation sociale anéantit les valeurs de l'effort et du mérite qui sont pourtant les conditions mêmes de l'émancipation.

Le relativisme ambiant empoisonne notre démocratie. Au relativisme des clivages entre la droite et la gauche, s'ajoute désormais la banalisation de la violence verbale. C'est un relativisme de plus, effrayant, que celui qui consiste à excuser le pire, à tenter de le justifier. Lorsque des députés ne savent plus dénoncer des actes terroristes, comme ce fut le cas dernièrement avec Jean-Luc Mélenchon et ses amis, la politique perd un pan entier de sa dignité. Le relativisme ambiant en vient à effacer les repères les plus fondamentaux. Lutter pour la dignité, c'est mener la bataille contre l'idée que tout serait relatif et donc acceptable. Cette infantilisation généralisée ne s'applique pas seulement aux citoyens. Ce peut être aussi une façon en politique de dévaluer ses interlocuteurs. Je garde le souvenir de ces interminables heures passées assis à écouter le président de la République se mettant en scène à Souillac lors de son « Grand Débat ». Près de sept heures d'une présumée performance intellectuelle qui visait surtout à asservir les esprits qui lui faisaient face. C'est la même méthode qu'Emmanuel Macron a appliqué en invitant à Saint-Denis les chefs de partis politiques pour échanger avec eux à huis clos. La rencontre a duré douze heures. Hors de tout cadre institutionnel. Loin de l'esprit de notre Constitution qui ne donne qu'un rôle mineur aux chefs de partis en qui le général de Gaulle n'avait, comme on le sait, qu'une piètre confiance. En un clic, nous aurions presque oublié que les seuls débats qui vaillent dans une démocratie telle que la nôtre se tiennent devant les représentants du peuple, à l'Assemblée nationale.

Grâce à des fuites qui seront organisées par l'Élysée, les Français apprendront que des cartes militaires « secret-défense » ont été présentées lors de la soirée et que chacun fut très attentif aux propos du président. Au détour d'une indiscrétion, quelques journalistes apprendront que le leader d'un parti d'opposition, alors bloqué dans des embouteillages sur la route vers Saint-Denis, aura été gratifié de motards et de gyrophares pour l'escorter jusqu'à destination. Ce simple geste en dit long sur le processus d'infantilisation qui s'exerce alors sur chaque participant. Il était frappant de voir le visage presque ému de la plupart d'entre eux, opposants politiques compris, à leur arrivée à ce rendez-vous. Ils étaient flattés d'en être. Rien de plus, rien de moins.

Emmanuel Macron a cette intelligence tactique de jouer avec ce qui est le moins mature dans notre démocratie et au sein de son personnel. L'infantilisation et la préoccupation du divertissement non seulement blessent ceux qui en deviennent les acteurs, mais surtout contribuent à dégrader le respect que nos concitoyens peuvent avoir de nos institutions et de la chose publique. À Saint-Denis, la dignité du débat démocratique a été une fois de plus abîmée.

Du plus jeune âge au plus grand, la dignité fait cruellement défaut à notre société. Que faisons-nous, par exemple, de l'enfance dans notre pays ? De sa protection contre les pires violences, de la nécessité d'assurer sa prise en charge. Les récents scandales qui ont traversé notre pays ont jeté une lumière crue sur certaines conditions d'accompagnements des plus jeunes enfants dans les crèches. Depuis 2015, la mortalité infantile en France est supérieure à la moyenne européenne, alors qu'elle était l'une des plus basses du continent à la fin du XXe siècle. Nous reculons dangereusement sur l'essentiel. Quelle dignité a une société qui s'habituerait à ne pas tout faire pour préserver ce que nous avons de plus précieux ?

À l'autre extrémité de la pyramide des âges, chacun mesure bien le défi de dignité qui nous fait déjà face et que parfois, par confort ou impuissance, nous refusons de voir. Nos personnes âgées terminent leurs jours dans des lieux que bien souvent, nous-mêmes ne voudrions jamais connaître. Les soignants sont les premiers à exprimer leur désespoir et leur épuisement parce que la dignité de celles et de ceux qui accompagnent, et donc la leur, n'est plus assurée. Les dirigeants sont habitués à gérer une misère à laquelle nous nous acclimatons peu à peu.

Du plus jeune de nos enfants au plus âgés de nos parents, c'est la même question qui se pose : celle de la dignité. Voilà la conquête politique du siècle à venir.

Quand la dignité est foulée aux pieds, elle est immédiatement compensée par la radicalisation qui s'impose dès lors comme l'ultime moyen de survie, la seule réponse d'urgence. Nous en constatons de plus en plus souvent les méfaits dans les comportements collectifs. Refonder une société de la dignité et de la responsabilité est bien l'un des défis majeurs auxquels nous, citoyens et élus du peuple, sommes aujourd'hui confrontés pour rebâtir notre république.

Dans notre pays, la violence se banalise et se généralise. De plus en plus de celles et ceux qui sont interpellés pour des actes de violences le sont pour la première fois. Souvent, la foule et l'effet de meute embarquent des individus qui y abandonnent leurs consciences. Le drame est que ces masses viennent donner une identité nouvelle à ceux qui se laissent emporter. La République et la nation, tout comme les grandes religions, n'y parviennent plus. D'autres s'y substituent dramatiquement.

Il faut mesurer combien l'effondrement de notre cohésion nationale ne se fait pas d'un bloc mais par plaques qui se détacheraient peu à peu d'un édifice en fragilisant jour après jour les fondements. Certaines petites, d'autres immenses. Du handicap aux retraites, en passant par l'école et par le partage de la valeur économique, jusqu'à la protection de notre environnement, c'est en redonnant de la dignité à chaque situation que nous pouvons rebâtir un projet commun qui porte le beau nom de République.

Épilogue

« Tenir bon. » Cette expression est revenue sans cesse autour de moi ces derniers temps. Je l'ai entendue dans la bouche de mes concitoyens comme un encouragement, mais aussi comme un appel au devoir.

Le 18 février 2023, quand j'ai appris mon éviction de la présidence des Républicains par une laconique dépêche AFP, reçue au moment où j'arrivais à l'aéroport d'Orly, au moment de passer le contrôle de sécurité, une femme s'est dressée devant moi en me saisissant l'avant-bras. « Je ne suis pas toujours d'accord avec vous, mais je vous demande de tenir bon », m'a-t-elle dit.

Elle avait dû apprendre, elle aussi, la petite nouvelle. Décontenancé, je lui ai répondu simplement :

« Merci.

— Ce n'est pas ce que je vous ai demandé. Ce que je vous demande, c'est de tenir bon. »

Tenir bon, c'est incarner une volonté de résistance face à ce qui, de tous côtés, nous invite aujourd'hui à lâcher prise. C'est tenter d'incarner une solidité, une force bien enracinée. C'est faire preuve de clarté et d'idéal, qui sont les premières vertus qu'on puisse attendre des responsables publics. Telle est en tout cas la communauté d'esprit en laquelle je me reconnais. Celle qui se retrouve dans la seule révolution qui vaille : la promesse républicaine dont j'ai bénéficié.

Je suis radicalement républicain, laïc, attaché à la justice sociale, à la liberté qui émancipe, à la sécurité des biens et des personnes, à la défense d'un travail juste, à la dignité de chacun.

Pendant des années, les idéalistes ont été moqués dans notre pays, on les a même présentés comme dangereux et inutiles. Emmanuel Macron est le symbole et le bénéficiaire de ce phénomène. Son relativisme permanent, son «ni droite ni gauche», sa politique du «en même temps» ont imposé l'idée que tout se vaut, comme s'il n'existait pas de valeur en soi. Je récuse de toute mon âme cette forme de nihilisme du nouveau monde.

«Tenir bon», ces mots résonnent dans la tête d'un enfant du Lot qui aime depuis toujours la politique et croit fermement qu'elle peut changer la vie. Oui, la politique peut changer la vie. Elle a changé la mienne.

Remerciements

Un livre est une aventure aussi intime que collective. Je la dois à ceux qui m'ont solidement accompagné. D'abord à Jean-Luc Barré, mon éditeur. Il a su me convaincre, m'accompagner, me rassurer et me guider. Merci à lui pour sa patience et sa confiance.

Merci à Victor d'avoir fait émerger et naître la matière qui irrigue cet ouvrage. Merci aux amis qui, de près ou de loin, m'ont poussé à consacrer mes forces durant de longs mois à son écriture. Merci à Laura et Alice pour le déchiffrage des traces laissées par le stylo dont je ne sais pas me défaire. Merci à Mariel, Agnès, Nicolas que j'ai beaucoup de chance d'avoir à mes côtés. Merci aux lotois sans qui aucun des chapitres de ce livre n'aurait été possible. Merci à mes amis politiques qui, en tentant de me tordre le bras, m'ont souvent rendu de grands services. Je leur dois une partie de ce livre et de ma liberté.

Merci à Emmanuel Macron qui m'a permis de fonder l'intransigeance de mes convictions.

Table des matières

Bouquins documents

Pr Éric Caumes, *Maladie de Lyme. Réalité ou imposture*
Pr Éric Caumes, *Sexe. Les nouveaux dangers*
Thomas Chaline, *À quoi ça sert l'amour ?*
Jonathan Freedland, *L'Évadé d'Auschwitz*
Michel Friedling, *Commandant de l'espace*
Mathieu Gallet, *Jeux de pouvoir*
Jean-Louis Levet et Paul Tolila, *Le Mal algérien*
Aurélien Martinez, *Quand les Verts descendent en ville*
Ahmad Massoud, *Notre liberté*
Benoît Mouchart et François Rivière, *Hergé intime*
Jacline Mouraud, *Jacline qui ? Réponse à Éric Zemmour*
Constance Poniatowski, *Après tant de silences*
Jean-Marc Quaranta, *Un amour de Proust*
Serge Raffy, *Anne Hidalgo. Une ambition qui vient de loin*
Jean-Marie Rouart, *Omar. La fabrication d'une injustice*
Frédéric Says, *Billets politiques. Sur le fil du quinquennat*
François Simon, *La Poétique du jambon-beurre*
Régis Le Sommier, *La Vérité du terrain. Récits d'un reporter de guerre*
Ludovic Vigogne, *Les Sans Jours*

Imprimé en France par CPI
en octobre 2023

La photocomposition de cet ouvrage
a été réalisée par
GRAPHIC HAINAUT
76, rue de Nancy
59100 Roubaix

#lisez! engagé
www.lisez.com
Pour plus d'information :
Imprimé sur du papier issu de forêts gérées durablement.

N° d'édition : 65920/01 – N° d'impression : 176098